Bienvenidos a Ellos, Los Grandes Maestros.
Aquí comienzan las historias
que acarician el alma.

Estás por entrar en un viaje lleno de emociones;
prepárate, porque a partir de hoy
ya nada será igual.

Primera edición: Estados Unidos, 2025.

Aviso y declaración de contenido sensible

Este libro contiene relatos reales que abordan temas de **pérdida, duelo, enfermedad, abuso y rescate animal,** los cuales pueden resultar emocionalmente intensos para algunos lectores. Por ello, se recomienda discreción emocional durante su lectura, especialmente a quienes atraviesan procesos de duelo o vulnerabilidad emocional.

Cada historia fue escrita con seriedad y profundo respeto hacia todos los seres que inspiraron estas páginas, procurando honrar su memoria y las experiencias que dieron origen a esta obra.

El propósito de este libro es inspirar compasión, reflexión y conciencia. Las experiencias narradas reflejan vivencias personales y simbólicas de la autora, expresadas con fines narrativos y de entretenimiento. Esta obra no constituye orientación ni consejo médico, psicológico o espiritual profesional, ni pretende sustituir el apoyo de un especialista de la salud en cualquiera de sus áreas.

La autora no asume responsabilidad alguna por las interpretaciones, decisiones, acciones o consecuencias derivadas de la lectura, aplicación o uso de los contenidos aquí presentados, ya sea dentro o fuera del contexto de esta obra. Si durante la lectura se despiertan emociones profundas o difíciles de procesar, se recomienda buscar los servicios de un especialista en salud mental, emocional o espiritual, según lo considere necesario.

Créditos

Autora: Alejandra González
Edición y corrección: Alejandra González
Diseño editorial y diagramación: Alejandra González
Concepto visual e ilustraciones: Alejandra González
Producción general: Alejandra González
Publicación independiente.

Las ilustraciones y elementos gráficos fueron creados con recursos de Canva Pro, utilizados bajo licencia de uso comercial.

Contacto:
soyalejandra@activacionsagrada.com

Agradecimientos

A **Fausto González**, mi compañero de alma y de camino. Gracias por ser mi refugio cuando el mundo se vuelve ruido, por tu amor paciente que no pide explicaciones, por quedarte cuando mi silencio pesa más que mis palabras y por recordarme, con tu presencia serena, que el amor verdadero no necesita promesas: solo presencia. Eres mi fuerza cuando flaquean mis alas, mi calma cuando el dolor quema y mi hogar cuando todo parece desmoronarse. Este libro también es tuyo, porque sin ti, la esperanza no habría encontrado su voz.

A mis grandes maestros —**Paloma, Cachorro, Muñequita, Grecia, Romita, Island, Israella, Mayita, Noche, Itzae, Thunder, Imperia, Shiloh, Mori, Nashu, Nahil, Luma y Blanquita**, a todos los que alguna vez se han cruzado en mi camino, a los que se han ido y a los que están por llegar—, gracias por mostrarme el amor en todas sus formas: la entrega, la lealtad, la ternura, la sanación, el desapego y el perdón. Cada uno de ustedes deja una huella imborrable y sagrada en mi vida, una enseñanza que no cabe en palabras. Ustedes me han enseñado que la compasión se cultiva en el alma, y que la resiliencia se teje con paciencia.

Y a **mis amados lectores**, gracias por abrir su alma a estas historias nacidas del amor y del duelo, por dejarse tocar por lo invisible y por comprender que los milagros existen, aunque a veces lleguen cubiertos de pelitos y con mirada de luz. Si estas páginas logran inspirar un gesto de ternura o despertar un recuerdo bonito, entonces todo el camino vale la pena.

Con gratitud eterna,

Alejandra González.

La empatía, el amor, la lealtad y la valentía, muchas veces vienen envueltos en cuatro patitas y una bola de pelos.

Ellos, Los Grandes Maestros, llegan a nuestra vida, justo cuando más necesitamos aprender a sanar.

Prólogo

He llorado océanos con cada página de este libro, pero escribirlo también me ha devuelto a la vida. Cada historia que aquí les comparto no solo pertenece a *Ellos, Los Grandes Maestros*, sino a las heridas, los silencios y los aprendizajes que dejaron en mi vida. Mientras escribo, siento que algo dentro de mí se acomoda, como si cada palabra limpiara un rincón olvidado del alma. Porque esa es mi verdadera misión: sensibilizar, recordarle a las personas que nunca es tarde para sanar; que aún pueden sentir, que aún pueden llorar, y que, en el fondo, todavía pueden volver a amar, a soñar, a creer y a confiar.

A veces nuestro cuerpo se siente cansado, agotado, desesperado. Pero basta un gesto, una mirada o el ronroneo de un corazón peludo para despertar la dulzura del niño que llevamos dentro. Ese niño sigue ahí, esperando que lo escuchemos, que lo abracemos.

Escribí este libro en medio de mis propias tempestades. En un momento de mi vida donde todo se movía, donde parecía que el amor dolía más de lo que sanaba. Lo escribí desde el temblor y la fragilidad, sabiendo que cada historia me iba a doler, porque cada una de ellas, me obliga a revivir parte de mi y las memorias que han dejado huella. Y aun así, aquí estoy. Esta vez elegí quedarme.

Porque si algo me han enseñado estos angelitos peludos, es que incluso en medio del caos puede florecer la ternura. Que el amor no solo repara: también rescata, y que después de toda la tormena, siempre llega la calma.

Este libro no nació de la tristeza. Nació de la necesidad de recordar que, a veces, debemos aprender a ***ser más animales para poder ser más humanos***. Estas historias no han llegado a ti por casualidad. Así que prepárate y disfruta el viaje.

Ellos, Los Grandes Maestros,

nos han enseñado lo que ningún libro ni persona jamás podría. Nos enseñaron a amar sin condiciones, a ser empáticos sin juicio, a estar presentes sin pedir nada a cambio y a confiar nuevamente, incluso cuando el alma ha sido herida. Las historias de Ellos, Los Grandes Maestros son verdaderos testimonios de vida. Te llevarán por un viaje de amor, de sobrevivencia, de pérdida y de sanación. Y te mostrarán cómo, con resiliencia y entrega, un alma rota puede recuperarse y volver a brillar con más luz. Este libro nació para honrarlos, para que sus historias lleguen a quienes más las necesitan: a los corazones cansados, a los que aún duelen, a quienes buscan señales en medio del silencio. Porque cada historia es un reflejo de lo que somos capaces de sentir cuando nos permitimos aprender de ellos. Con estas historias te adentrarás en un vórtice de emociones. Algunas te robarán sonrisas, otras te harán llorar mares, pero todas te invitarán a mirar hacia adentro y a reconciliarte con la vida. Ellos nos recordarán que incluso en medio del dolor, el amor siempre encuentra la forma de quedarse.

Al final, Ellos, Los Grandes Maestros, te mostrarán que el amor verdadero no se va, solo cambia de forma. Y que la vida no es para sufrirla, sino para sentirla, para aprenderla y para abrazarla. Porque a veces, todo lo que necesitamos es dejar —con humildad— que ellos nos enseñen que sí es posible.

Kikis y Paloma

Kikis era una niña callada, tan callada que a veces parecía que el mundo se olvidaba de su voz. Su soledad era tanta, que se había vuelto una especie de cobija: una compañía silenciosa que la envolvía y la hacía sentir a salvo, aunque también un poco invisible. En la escuela aprendió pronto que el mundo podía ser cruel. Mientras los demás reían, ella se conformaba con escuchar el eco de esas risas, como si fueran promesas de algo que no le pertenecía.

Un día, de regreso a casa, vio algo blanco moverse entre la basura. Era una gatita pequeña, blanca como una paloma. Kikis se agachó y le habló bajito, y aquella bolita de pelo la miró sin miedo, como si ya la conociera. Caminaron juntas hasta el lugar donde Kikis vivía, y desde ese día comenzaron a compartirlo todo. Parecía que Paloma también tenia su propia "cobijita". Aprendieron a arroparse juntas.

El silencio de Kikis no era por elección; en ella habitaban muchas heridas. Era el blanco constante de burlas, y parecía que su inteligencia era su peor enemiga. Cada día regresaba a casa con los ojos hinchados de tanto llorar, preguntándose cómo era posible que las niñas de su escuela pudieran ser tan crueles. Por más que lo intentaba, no encontraba una razón que justificara tanto enojo en aquellos cuerpecitos. Aveces pensaba que un niño feliz jamás sería capaz de lastimar a otro niño, y eso le causa pena por aquellas chiquillas.

Su corazón estaba cansado de fingir que no dolía. Aprendió demasiado pronto a no protestar, a guardarse en silencio el dolor del bullying que le hacían, hasta volverse una experta en ocultar las lágrimas detrás de una sonrisa temblorosa. Después de todo, cuando había alzado la voz, su eco había rebotado en el silencio, dejándola intencionalmente muda.

Fue entonces cuando Paloma se convirtió en mucho más que una gatita. A ella sí podía abrirle el corazón, al menos a Paloma podía susurrarle despacito al oído todo lo que le dolía. Con aquella bolita de nieve, Kikis sentía que por fin alguien la escuchaba, que alguien la miraba con amor. Podía contarle todo lo que su pequeña alma cargaba sin temor al yugo de la burla o al miedo brutal a ser juzgada.

Paloma siempre la esperaba entonando un ronroneo suave, como si eso fuera una canción hecha solo para ella, una melodía que parecía curarle el alma a Kikis. Juntas inventaron su propio idioma, uno hecho de miradas, silencios y caricias. En ese pequeño universo de dos, Kikis encontró el primer amor verdadero: aquel que no pide nada a cambio, el que simplemente acompaña, el que se queda en los días grises y también en los días de sol. Paloma no solo le enseñó a amar... también le enseñó a resistir.

Pero un día, los adultos de esa casa decidieron que esa amistad no debía continuar. Le prohibieron verla. Le cerraron la puerta, sin saber que al hacerlo también le cerraban una parte del corazón. Había sido un acto despiadado. Paloma era lo único que Kikis tenía, su única compañía... y ahora se veía forzada a recontarse con su vieja amiga, la fría soledad.

Aquella noche, Kikis lloró y aunque antes ya había llorado muchas veces, esa vez fue distinto. Ese llanto dolía en otro lugar, más profundo, abajito del alma, era como si le hubieran arrancado algo que ni siquiera sabía que tenía.

Desde entonces, se prometió —sin decirlo— que jamás volvería a encariñarse con otro peludito. Pasaron los años, y su cuerpo creció, pero una parte de su alma siguió ahí, sentada junto a aquella puerta cerrada, esperando volver a ver a su Paloma. Algo había cambiado en ella para siempre: su corazón, antes suave como un suspiro, se volvió un poco más duro, áspero y frio, como si buscara proteger lo que aún dolía recordar.

Lo que Kikis no sabía era que esa pequeña gatita blanca había sido su primera gran maestra: la que le enseñó lo que es amar sin condiciones, y también lo que es perder a quien más te acompaña en silencio.

A veces, la vida se encarga de devolvernos lo que nos
quitó, cuando ya estamos listos para entenderlo.
Tal vez, en algún otro momento,
Kikis y su Paloma se vuelvan
a encontrar. En otra forma,
en otros tiempos,
con otro nombre o
con otro cuerpo ...

El verdadero amor nunca se va del todo. Solo cambia de forma, esperando que tengamos el valor de reconocerlo otra vez.

Pilo y Cachorro

Cachorro era un perrito que, a pesar de tener un hogar, vivía triste. Sus dueños no lo maltrataban, pero tampoco lo cuidaban; simplemente existía, invisible entre los días.

Un buen día, un niño llamado Pilo lo encontró en la orilla de la presa. Cachorro nadaba, moviendo las patitas con fuerza mientras el sol se reflejaba en el agua. Pilo, al verlo, pensó: "Este perro tonto seguro se va a ahogar." Pero al observarlo mejor, notó que nadaba perfectamente bien, como si el agua fuera su refugio. Estaba muy asombrado de las habilidades de aquel perrito. Al recordar lo que había pensado unos minutos antes de él lo hizo sonrojarse apenado.

El niño olvidó su diligencia, y después de un buen rato de estarlo, observando, se acercó poco a poco, sin pensarlo demasiado, se metió también al agua. Así pasaron la tarde jugando y nadando sin parar. Cuando cayó la noche, Pilo volvió a su casa feliz y exhausto, con una sensación nueva: por primera vez en mucho tiempo, no se sentía solo.

Al día siguiente regresó al mismo lugar. Y ahí estaba Cachorro, esperándolo, moviendo la cola con alegría. Desde entonces, sin habérselo propuesto, se convirtieron en compañeros de juegos y aventuras. A Cachorro le bastaba tener a Pilo, y al niño Pilo, le bastaba tener a Cachorro. Pero los días felices no duraron mucho.

En el pueblo las cosas comenzaron a ir mal y la familia de Pilo tuvo que marcharse a la gran ciudad. El niño, con el corazón apretado, fue hasta la presa para despedirse, pero Cachorro no estaba. Sus dueños lo habían encerrado, sin saber que con eso le estaban rompiendo el alma a dos seres que se habían elegido sin palabras. Los bracitos del niño se quedaron abiertos sintiendo por primera vez impotencia y frustración.

Pilo se fue sin decir adiós. Y aunque era solo un niño, ese día algo dentro de él se quebró. Pasaron los años, y aquel niño se hizo hombre. Ya no se llamaba Pilo, ahora se llamaba Fausto. Aprendió a ser fuerte, a ser serio, a esconder lo que dolía. Pero en el fondo, seguía cargando aquella despedida inconclusa, esa herida muda que se le quedó pegada al alma.

Lo que Pilo no sabía era que Cachorro había sido su primer maestro: el que le enseñó el valor de la lealtad, la pureza de los afectos sencillos, y que a veces el amor más grande no necesita palabras, solo presencia. Cachorro le enseñó la alegría de lo simple: el valor de una tarde cualquiera y el milagro de tener a alguien que te espera.

Pero también le enseñó el dolor de no poder decir, adiós, ese que se queda viviendo en el pecho, cuando algo puro se interrumpe sin aviso. Y aunque la vida siguió su curso, cada vez que el hombre miraba el agua, en algún reflejo seguía viendo al niño que fue, y al amigo que en silencio lo esperaba.

El dolor de un adiós no pronunciado solo se sana, convirtiéndolo en el bálsamo de los recuerdos.

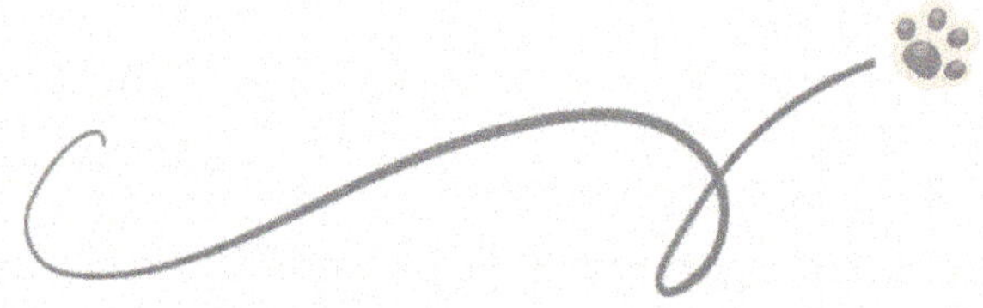

Muñequita

Era el año 2007. Alejandra trabajaba en una estantería. Para muchos, era una mujer amable, pero distante; una de esas personas que parecen llevar siempre una conversación silenciosa consigo mismas. Su rostro tenía algo entre cansancio y enojo, una mezcla que dejaba entrever que había vivido más de lo que decía. Había en su mirada un brillo apagado, el reflejo de un alma exhausta de fingir fortaleza.

Un día, mientras organizaba unos libros, una señora entró con una caja entre los brazos. Parecía apurada, casi desesperada. Dijo que traía dentro una gatita y buscaba quién pudiera adoptarla. Alejandra escuchaba de lejos, intentando disimular la curiosidad. La caja se movía suavemente, y algo dentro maullaba con un sonido tan débil que parecía una súplica.

—Sácala, para verla —dijo Andrea, su compañera, con una sonrisa traviesa.

La señora levantó la tapa y entonces, entre cartones y una manta vieja, apareció una pequeña bolita blanca con motitas de colores y unos hermosos ojos azules. Alejandra se quedó inmóvil. Por un instante, no supo si lo que sentía era sorpresa o una especie de reconocimiento. Porque al verla, algo en su pecho se estremeció, como si la conociera desde antes. Era como si aquella mirada le fuera familiar.

Intentó resistirse. Fingió indiferencia, murmuró un "no puedo", pero Andrea ya sabía que esa batalla estaba perdida. Esa tarde, Alejandra volvió a casa con la caja en brazos.

La llamó Muñequita.

Durante los primeros días la observaba en silencio. La gatita corría de un lado a otro con una energía desbordante, como si quisiera llenar con vida todos los rincones vacíos, no de la casa, sino del alma de Alejandra. Y poco a poco, lo logró.

Muñequita se convirtió en su confidente y en su compañía en las noches más frías. Cuando Alejandra enfermaba, ella dormía sobre su pecho. Cuando la tristeza llegaba, se acurrucaba junto a su mano, como si con su pequeño cuerpo pudiera contener el dolor. En los días grises, su ronroneo era una oración, una melodía que le parecía sospechosamente familiar. Pero también hubo alegría y noches enteras de historias sin fin. Sumergida en aquellos faros azules, empezaba a cuestionarse quién estaba rescatando a quién.

Pasaron los años, y lo que comenzó como una coincidencia se transformó en un lazo inquebrantable. Muñequita no solo le dio amor; le devolvió la fe en el amor mismo. Muñequita se volvió parte esencial del hogar. Su presencia lo llenaba todo: los silencios, las risas, las noches cansadas. Pero había algo que aún pesaba en el ambiente. Alejandra estaba pasando por aquello que los humanos llaman depresión. Era como si el mundo de Alejandra se hubiera apagado y ella caminara entre los restos de una vida que ya no reconocía. Muñequita lo sabía. El reencuentro no era coincidencia.

Fausto, la pareja de Alejandra, no compartía ese amor por los animales. Decía que los peluditos debían estar "afuera", que la casa no era lugar para ellos. Su corazón, endurecido por la costumbre y la distancia, se negaba a abrir espacio para algo que no entendía.

Sin embargo, la vida —con su manera tan sabia de enseñar, tenía otros planes. Una tarde, Fausto cayó enfermo. Siete días y siete noches estuvo en cama, débil, febril, con el cuerpo rendido. Alejandra entre el trabajo y sus responsabilidades lo cuidaba y atendía, pero había alguien más que también lo estaba cuidando: Muñequita. Aunque sabía que no era bienvenida, se subió con cautela a la cama, se hizo un huequito y se acurrucó junto a él. No se movía. Solo lo observaba, respirando al compás de su respiración. Cada vez que Fausto abría los ojos, ahí estaba ella. Siempre. Sin falta.

El séptimo día, cuando la fiebre cedió, Fausto la vio dormida a sus pies. Parecía una guardiana celestial. No lo dejó solo ni por un instante. Por más que Alejandra la llamara, la pequeña seguía allí, inmóvil, custodiando sin descanso. Decidida a sanarlo, y no precisamente de la enfermedad que lo aquejaba. Muñequita sabía cosas, era una michita muy sabia.

Ese simple acto abrió una grieta en el muro que Fausto había levantado sin darse cuenta. Algo dentro de él se quebró suavemente, sin ruido, como si un candado invisible se abriera en su pecho. Aquel hombre que decía no necesitar el cariño de ningún ser peludo se encontró acariciando su cabeza con ternura, murmurando un "gracias" que apenas se escuchó. Muñequita sabía que había logrado su objetivo.

Y fue entonces cuando todo cambió. Aquella guardiana de ojos de cielo no solo lo había ayudado a sanar del cuerpo, sino también del alma. Desde ese día, Fausto dejó de ser Fausto. Se convirtió en Papá Pilo: el mismo niño que un día juró no volver a querer a un peludito, ahora volvía a abrir su corazón. Muñequita, la gran maestra, cumplió con su misión.

Y cuando Muñequita partió, el dolor fue inmenso tanto para Papá Pilo como para Alejandra, aunque para ella fue distinto: más profundo, más punzante. La desgarraba no haber tenido el valor de estar ahí, en los últimos momentos de su amada Muñequita. Sabía que si la abrazaba, no tendría la fuerza para dejarla ir; que su amor, tan grande, podía convertirse en una cadena. El cáncer llegó sin avisar y había ganado la carrera.

Sus sollozos dolían más que cualquier palabra. La culpa la atravesó como una sombra. Alejandra lloró durante noches enteras, con un dolor que le recordaba a la niña que no pudo despedirse de su primera amiga. Pero esta vez no cerró su corazón. Lo dejó abierto de par en par, para que la memoria de Muñequita siguiera entrando con la luz de cada amanecer y, con este acto, honrarla para siempre.

Muñequita fue la maestra suprema que, con su amor, despertó a los corazones dormidos. Papá Pilo había cedido al amor de ella, y Alejandra empezaba a sanar. En ese entonces nadie lo sospechaba, pero gracias a ella, el mundo de los peluditos se vería transformado para toda la eternidad. Hoy es reconocida en cada rincón del planeta como ***Santa Muñequita de todos los Michis.***

El verdadero amor no retiene; aprende a soltar, aun cuando al hacerlo quede una herida en el alma de quien deja ir.

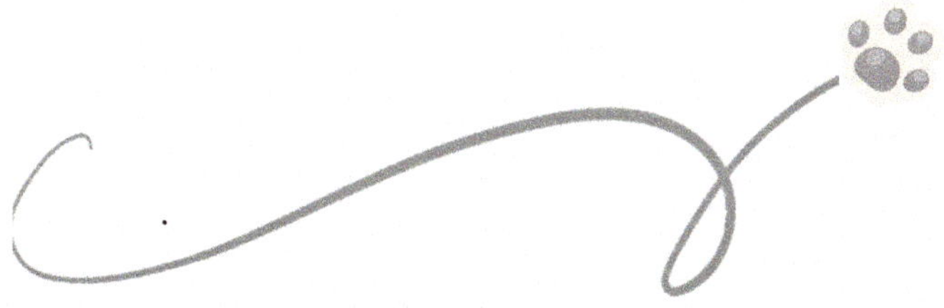

Grecia

Habían pasado ya tres años desde la llegada de Muñequita a la vida de Alejandra. Su rutina era la de siempre: trabajo, cansancio y poco tiempo para estar en casa. Pero cada vez que veía a su gatita esperándola en la puerta, le saltaba una idea:

¿Y si Muñequita tuviera compañía?
¿Si no pasara tantas horas sola?

Le pareció un pensamiento descabellado. Alejandra apenas tenía tiempo para sí misma. Sin embargo, aquella idea se quedó ahí, dando vueltas como una semilla que espera el momento justo para brotar. Alejandra, aunque no lo entendía, sabía que algo dentro de lo más profundo de su ser estaba cambiando y que Muñequita tenía algo que ver.

Una noche, al regresar del trabajo, una tormenta rugía sobre la ciudad. El viento azotaba las ventanas y la lluvia golpeaba el suelo con furia. Alejandra exhausta de tantas horas de trabajo, solo quería descansar, pero mientras bebía un vaso de agua, un sonido logró abrirse paso entre los truenos: un maullido débil, apenas audible, pero insistente.

Trató de ignorarlo con todas sus fuerzas. Y sin embargo, su corazón —ese que Muñequita había enseñado a escuchar— ya sabía lo que tenía que hacer. Respiró hondo y volvió a ponerse los zapatos, buscó su paraguas y se fue resignada.

Salió bajo la lluvia, empapándose entera, caminando torpemente por el lodo, guiada solo por aquel lamento tenue. Abajo de un balcón, encontró una pequeña figura gris, temblando y hecha un ovillo. La tomó entre sus brazos sin pensarlo. La gatita la miró con unos ojos enormes y asustados, pero aquella criaturita frágil se transformó en segundos en una pequeña leona. Maulló tan fuerte, que la tormenta misma pareció intimidarse con ella.

Cuando llegó a casa, Muñequita se acercó curiosa. Durante un instante, Alejandra temió su reacción, pero entonces, Muñequita dio un paso al frente y se acurrucó junto a la recién llegada, lamiéndole el lomo con ternura. Con tanto cuidado, con tanto amor, que parecía casi maternal. Era una escena tan llena de empatía que Alejandra no conocía.

Así llegó Grecia.

Con el paso de los días, la atmósfera empezó a cambiar. La casa, que antes se sentía grande y silenciosa, comenzó a llenarse de alegría. De pronto había carreras por el pasillo, pequeñas travesuras, saltos sobre los cojines y juegos que terminaban con risas y ronroneos. Muñequita y Grecia parecían como si fueran hermanas de verdad. Dormían juntas, compartían la comida y hasta se comunicaban con tan solo la mirada. Era como si se conocieran de toda la vida.

Alejandra sin haberse percatado, había cambiado su humor. Aquel semblante de sargento malpagado se había suavizado.

Pero un día todo cambió. Cuando Muñequita partió, Grecia se apagó. Alejandra jamás había visto a un peludito llorar, pero lo vio con sus propios ojos, y eso le partió todavía más el corazón. Ahora no era solo el duelo y la culpa que la atormentaba, sino también la tristeza que le provocaba ver cómo esa bolita de pelos sufría igual que ella, o incluso peor. Grecia buscaba a su compañera por todos los rincones, maullaba frente a la ventana, se acostaba en el lugar donde solían dormir juntas. A veces se quedaba inmóvil mirando hacia la puerta, como si todavía aguardara verla entrar, sin aceptar que ya no volvería, al menos no en la misma forma. Su pequeño corazón se rehusaba a entender lo que ya sabia.

Alejandra la observaba sin poder contener las lágrimas. Era como verse a sí misma en aquel pequeño cuerpecito: el mismo vacío, el mismo miedo, la misma imposibilidad de aceptar la ausencia. Durante noches enteras, Grecia lloró la partida de su hermana, de su querida Muñequita. Alejandra le hablaba en voz baja, contándole historias sobre ella, mientras amorosamente la arropaba con las mantas del alma, como si al recordarla entre las dos, el dolor doliera un poco menos y el amor que trascendió no se desvaneciera del todo.

Y aunque a Alejandra también estaba destrozada, supo que debía ser fuerte. Tenía que ayudar a Grecia a sanar, como alguna vez Muñequita la había ayudado a ella. Compró una silla especial y le enseñó a mirar el atardecer a través de la ventana, a jugar otra vez, a volver a confiar. Ese dolor compartido las ayudó a fortalecer sus lazos. Con el tiempo, comprendieron que algunas despedidas no terminan con un adiós... a veces, solo abren espacio para lo que está por llegar.

***A veces, el amor más puro nace del dolor ajeno,
cuando somos capaces de ver más allá
de nuestro propio sufrimiento.***

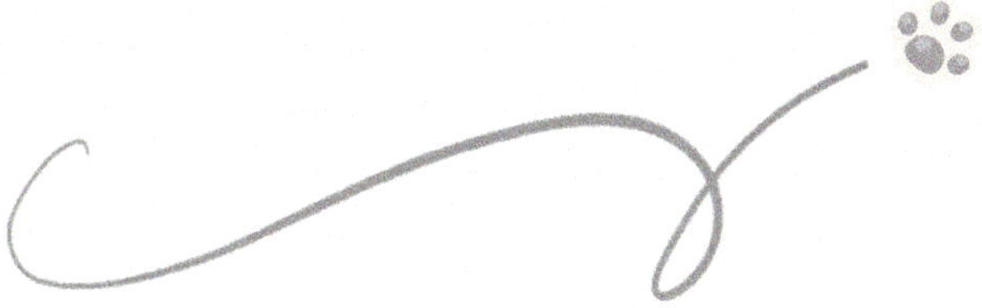

Romita Michiniana

La llegada de Romita fue un tanto misteriosa. De hecho, apareció un día antes de que Muñequita trascendiera. Jamás se cruzaron, jamás compartieron un mismo espacio. Sin embargo, algo en esa coincidencia parecía tener un propósito más grande.

Era una noche fría de noviembre. Había estado nevando y el viento golpeaba las ventanas con fuerza. Alejandra, sintiendo un nudo en el pecho, no podía dejar de pensar en aquella inocente criaturita. Una noche antes había escuchado a otros gatitos sin hogar peleando con ella. La había visto temblando afuera, a la intemperie, sola. Esa noche no pudo más y, sin dudarlo, fue por ella; la tomó en sus brazos y la llevó a casa. Por lo menos hoy dormirá bajo un techo y calientita, pensó.

Por precaución, la colocó en una habitación separada. Alejandra estaba un poco nerviosa, porque Muñequita era muy territorial y temía que los celos pudieran despertar su lado más arisco. Planeaba presentarlas poco a poco, para evitar tensión. Pero algo muy extraño ocurrió.

Muñequita, que solía dormir su siesta sobre el sofá, se levantó y fue directo hacia la puerta de esa habitación. Se quedó ahí, inmóvil, durante casi una hora, observando en silencio. Alejandra, confundida y enternecida, bromeó:
—Hasta parece que le estás dando mensajes telepáticos a nuestra nueva amiga —dijo entre risas, y se fue a dormir.

A la mañana siguiente, Muñequita había cruzado el arcoíris. Alejandra, con el corazón hecho pedazos, apenas encontraba fuerzas para sostenerse. Tenía que ayudar a Grecia a salir de su tristeza y, ahora, además, cuidar de una nueva compañera. Todo era un caos emocional, pero Romita se mantenía serena, tranquila, como si comprendiera lo que ocurría.

Romita miraba a Alejandra con una atención tan profunda que Alejandra solo atinaba a recordar el extraño comportamiento de Muñequita la noche anterior, antes de partir. Tal vez Muñequita sí le había dejado instrucciones precisas a Romita Michiniana de cómo cuidar de ella. Y, de alguna manera, así fue. Romita hacía cosas que solo Muñequita solía hacer: recorría los mismos rincones, dormía en el mismo lugar y hasta tomaba agua de la misma forma tan especial de Muñequita. Era demasiada coincidencia.

Sin embargo, el dolor de Grecia era tan grande que vio en Romita a una intrusa. Aunque nunca pelearon, tampoco lograron ser amigas. Habían aprendido a coexistir. Romita, fiel a su esencia, nunca se dejó intimidar. Pasaba largas siestas bajo el sol y, aunque reservada, tenía momentos en que jugaba con delicadeza. Alejandra, al mirarla, solía preguntarse cómo habría sido la vida de Romita antes de encontrarse con ella, sin imaginar que el destino pronto le daría la respuesta.

Cuando Alejandra la llevó al veterinario, el doctor le explicó que Romita probablemente tenía alrededor de siete años. Todo indicaba que había sido una gatita de casa. Por su comportamiento dócil, no parecía haber nacido en la calle. El doctor sospechaba que alguien la había abandonado.

Cuando escuchó aquellas palabras, el corazón de Alejandra se estrujó. No alcanzaba a comprender cómo alguien había podido abandonar a una gatita tan linda e inocente, que además de tener ya sus años, estaba enferma. Sintió algo "raro" por primera vez. Fue entonces cuando comprendió que el abandono no era algo exclusivo de los humanos.

Solo compartieron tres años juntas, pero fueron tres años maravillosos. Romita —a quien con cariño empezaron a llamar "Corajitos", por su carácter fuerte y gruñón— llenó la casa de una alegría tranquila. Era diferente a las demás: un tanto posesiva, bajo sus propios términos, quería cuando *ella* quería. Alejandra aprendió a entender su personalidad.

Un día, sin previo aviso, Romita perdió la vista. Alejandra y Papá Pilo hicieron lo imposible por ayudarla, pero su salud comenzó a deteriorarse rápidamente. No quedaba mucho por hacer: aquellas noches frías, a la intemperie, estaban cobrando factura. Grecia, la misma que alguna vez había visto en Romita a una enemiga, fue quien la acompañó en la enfermedad y permaneció a su lado hasta el final. Le dijo sin palabras: "Aquí estoy". Le brindó compañía y comprensión. En esas últimas noches, entre dos almas que alguna vez no supieron quererse, nació una amistad sincera.

Entonces llegó el momento más temido. Y esta vez, aunque el dolor era tan profundo como el de antes, Alejandra no huyó. Se quedó con ella hasta el último suspiro, acariciando su cabecita, susurrándole palabras de amor. Había aprendido que, a veces, el mayor acto de amor no es aferrarse, sino acompañar. Romita se había ido rodeada de cariño y paz.

A veces la vida nos sorprende, regalándonos la generosidad de aquellos que no esperábamos, y la desilusión de aquellos en quienes habíamos puesto el corazón.

Island Teleso

Muchas veces caemos en el romanticismo de creer que el amor llega de cierta manera. Pero no. A veces, el amor llega en silencio, se presenta con ojos brillantes, un andar sigiloso y una misión que solo el cielo conoce. Así apareció Island —aunque entonces nadie sabía que ese pequeño bribón traía consigo bajo las garritas una encomienda divina.

Papá Pilo lo encontró un día de trabajo, en una vieja casa abandonada que el tiempo había dejado casi en ruinas. El aire olía a humedad y madera podrida, y entre el silencio roto por los ecos del pasado, algo se movió. Allí, entre los escombros, había una diminuta figura que parecía una sombra, con el pelaje enredado y los ojos llenos de una calma desconcertante. No maullaba. No pedía ayuda. Solo lo miraba, firme, paciente, como si lo hubiera estado esperando a aquel hombre toda su vida.

Y fue en ese instante cuando papá Pilo sintió como que ese momento ya lo había vivido —una punzada en el pecho, como si una voz sin sonido le dijera: "Ya estoy aquí. Solo tienes que venir por mí." No era una mirada cualquiera. Había en esos ojitos una seguridad casi humana, una especie de sabiduría traviesa que desarmaba cualquier defensa. Ese pequeño no parecía perdido. Parecía enviado. Papá Pilo, estaba exaltado, y aún así, en medio de la sorpresa, consideró aquel encuentro como algo vago, no podía estar más equivocado.

Durante varios días, Papá Pilo le llevó comida, intentando convencerse de que solo estaba ayudando a un gatito “callejero”. Pero el destino ya había tomado su decisión. El diminuto felino no aceptó la caridad, desde el primer día mostró que no estaba dispuesto a conformarse con galletas baratas. Cuando finalmente se dejó cargar, no fue porque se rindiera... fue meramente estrategia, era parte de su adorable plan manipulador. Papá Pilo bajo la guardia. Entonces supo que había cumplido su primera parte del trato celestial.

Alejandra lo recibió con una sonrisa.
—Mira nada más a esta chiquitina, parece una princesa —dijo, mientras lo envolvía en una manta tibia.

Durante algunos días, todos lo llamaron Isla, convencidos de que aquella “señorita” refinada había llegado a traer más alegría al hogar. Hasta que el veterinario aclaró el malentendido. Y fue entonces cuando Island —ya con nombre digno de conquistador — decidió que aquel error no quedaría impune. Alejandra pagaría por toda la eternidad.

Desde ese día, se propuso hacerle la vida de cuadritos. Se las ingeniaba para hacerle una y mil travesuras como diciendo: “Eso te pasa por no saber reconocer a un macho *machin*.” Era adorable y tirano al mismo tiempo, dispuesto a vengar semejante insulto: un dictador peludo con mirada de emperador y alma de comediante, tatuador profesional y un empedernido roba corazones. No tenia piedad.

Pero detrás de cada travesura había algo más. Island no solo traía caos; traía propósito. A pesar de su corta edad, caminaba por la casa con un aire majestuoso, como si inspeccionara su nuevo reino. Y aunque nadie podía sospecharlo, ese pequeño sería el futuro líder de toda una manada. Su carisma era natural, su presencia imponente. Era el tipo de alma que no se contenta con ser uno más: vino a conquistar al mundo entero... y lo sabía.

Con el paso del tiempo, Island fue ganándose un segundo nombre: Teleso. Era un sobrenombre cortesía de Paulina, una karendiana que había caído rendida a sus garritas. Ese título honorífico lo obtuvo gracias a su gusto por lo fino, su manera altiva de mirar el mundo y su total negativa a ser tratado como "uno más del montón". Él no comía de cualquier plato, no dormía en cualquier rincón, y mucho menos aceptaba que lo despertaran de sus siestas reales. Island Teleso se convirtió en el príncipe consentido.

A Alejandra la tenía fascinada y exasperada a partes iguales. Pero fue con Papá Pilo con quien formó un lazo distinto, profundo, casi sagrado. Lo seguía a todas partes: al taller, al sofá, al jardín. Esperaba junto a la puerta cuando salía, y cuando regresaba, lo recibía con un maullido ronco, como un pequeño general dando órdenes. Veían películas juntos, dormía con él cada noche, y más de una vez le daba pataditas, como si le recordara: "No te olvides que ahora mando yo." Mientras Alejandra solo sonreía al verlos y se conformaba con mirar de lejos todo ese amor.

La casa volvió a ser un torbellino de vida. Grecia, aunque aún guardaba rastros de su dolor por la partida de Muñequita, se vio obligada a compartir su dotación de galletas, a tolerar sus mordidas de cola y a soportar sus ataques sorpresa. Romita, la elegante y reservada, intentó imponer disciplina, pero terminó cediendo ante la energía del nuevo líder. Y Alejandra, atenta a todos, comprendía que aquel pequeño había traído algo más que alegría: había traído renovación.

Porque Island no solo llenó el hogar de risas y desastres; también trajo consigo un mensaje invisible: que el amor no se gasta, se expande, que el corazón siempre tiene espacio para uno más, y que, a veces, los mensajeros del cielo llegan cubiertos de polvo, con la misión de recordarnos que la ternura también es fortaleza y no debilidad.

Desde entonces, el mundo de los Karendianos —como los llama Alejandra— ya no fue el mismo. Todo estaba "garritas pa'rriba".

Pero la historia de Island no siempre estuvo envuelta en risas y travesuras. Cuando era apenas un bebé, su pequeño cuerpo libró una batalla silenciosa contra la enfermedad. Había pasado sus primeros días en las calles, a su suerte, bajo las lluvias de junio, sin un rincón donde guarecerse. El calor se mezclaba con la humedad del asfalto y el aire denso de la ciudad. Era tan diminuto que apenas se distinguía entre los charcos, y aun así, su alma rebelde se negaba a rendirse. Pero el cansancio y el abandono eran mas fuertes y enfermó.

Una infección severa lo dejó débil por semanas, y aquellos ojos azules —tan profundos y brillantes— se nublaron, apagándose poco a poco. La energía vibrante que lo caracterizaba parecía desaparecer. Alejandra lo cuidó día y noche, sin descanso, con ternura y la fe de quien se niega a rendirse. Le hablaba suavemente mientras le acariciaba la frente, le preparaba sus medicinas y lo arrullaba en su pecho, como si su corazón pudiera prestarle fuerzas.

Durante ese tiempo, Papá Pilo observaba desde cerca, con el alma en vilo. Island, aunque apenas podía moverse, parecía saber que su historia no terminaría ahí. En cada mirada había algo de determinación, un destello de esa nobleza que siempre lo diferenció. Y cuando finalmente abrió los ojos del todo, y el azul de los mil mares volvió a brillar en ellos, Alejandra supo que ya había pasado lo peor.

A pesar de los cuidados infinitos que Alejandra le brindó, Island decidió que su corazón pertenecía a Papá Pilo. No era desamor, era destino. Era como si hubiera sido enviado especialmente para él. Alejandra sentía que entre ellos existía una conexión espiritual, y fue entonces cuando empezó a sospechar que, tal vez, aquel pequeño tenía una misión bajo sus garritas: lograr que Papá Pilo cayera rendido a su merced.

Su amor era posesivo y fiel, una devoción que no admitía competencia. Y aunque Alejandra lo sabía, sonreía con un dejo de consuelo y una pizca de celos, pero se consolaba pensando que, tal vez, algunas almas de otras vidas o de otros tiempos simplemente se reconocen antes de llegar a este plano terrenal. Y ese parecía ser el caso de esos dos.

Con el paso del tiempo, Island fue revelando su verdadero objetivo. Bajo su mirada traviesa y su carácter de gobernador tenía una encomienda secreta: terminar la tarea que un día había iniciado *Santa Muñequita de todos los Michis*. Aquella gatita luminosa había abierto la primera puerta del corazón de Papá Pilo, pero aún quedaban restos de miedo, retazos de una coraza que solo alguien como Island podría derrumbar. Y lo hizo a su manera: con estrategias bien armadas, sus técnicas milenarias michicattas y una alta dosis de manipulación. Con cada mirada tierna, con cada noche compartida sobre el pecho de su humano, fue arrancando las últimas sombras que aún quedaban dentro de él.

Island no solo le daba amor a Papá Pilo, también le enseñó a amar a los peluditos, pero no solo desde la superficie, sino desde lo más profundo del alma. Le mostró que ellos no son solo compañía, sino maestros, espejos y guías del corazón. Y cuando finalmente sintió que la segunda parte de su misión estaba cumplida, en una noche lluviosa, sentado al lado de la ventana, levantó la mirada al cielo y pareció decir con orgullo: "Te lo dije, papá Dios. Yo sabía que era el mejor para esta misión, uh uh."

Esa noche, Alejandra y Papá Pilo lo vieron dormir profundamente, enroscado junto a ellos, respirando con paz. Nadie dijo nada, pero ambos sintieron lo mismo: aquel pequeño bribón de mirada caprichosa había cumplido lo que vino a hacer. Rompió el hechizo de los corazones lastimados, liberando así, por completo, a Kikis y a Pilo de las memorias dolorosas, mostrándoles el camino nuevamente para amar, pero sobre todo, a permitirse ser amados.

Dar amor nos hace grandes, pero dejar que nos amen nos hace humanos. Solo entonces, el corazón late completo.

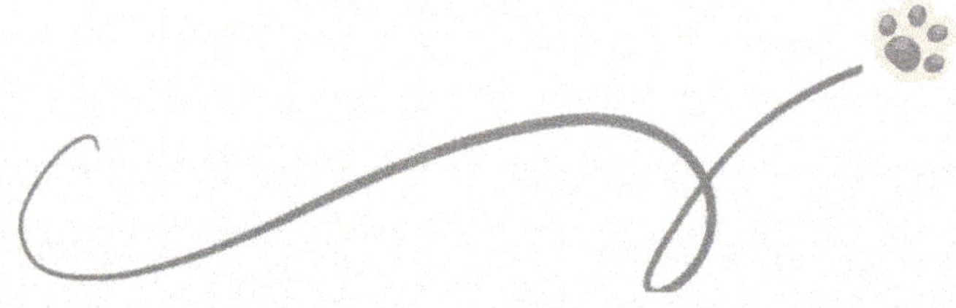

Israella

El destino siempre sabe cuándo regresar lo que el alma necesita. Apenas dos semanas después de la llegada de Island Teleso, cuando la casa comenzaba a llenarse de risas, ronroneos y nuevas rutinas, Papá Pilo tuvo un último día de trabajo en aquel lugar que ya estaba por dejar atrás.

Fue entonces cuando la vio. Entre las sombras, una pequeña gatita siamesa, de andar delicado y mirada profunda, lo observaba con serenidad. Sus ojos eran de un azul imposible, como fragmentos de cielo, y en ellos había algo que no se podía explicar con palabras.

Papá Pilo no lo entendió del todo, pero lo sintió: esa gatita tenía que irse con él. Lo supo desde que la vio por la ventana. Aun así, esta vez llamó antes de actuar; la cosa ya estaba tremenda, porque en casa ya vivían tres michinianos.
—Amor... creo que encontré a alguien —dijo con cautela.
—¿Otro? —respondió ella, entre divertida y preocupada.

Bastó con que Alejandra la viera a través de la pantalla para comprender: esa pequeña sería parte de la familia, ella debía quedarse. No podía explicarse cómo, pero Israella le transmitía mucha paz. Era como si esa pequeña gatita guardara, en su mirada, los mismos secretos del universo entero. En ella, Alejandra distinguía un aura que reconocía.

En cuanto cruzó la puerta, Island y la siamesa se miraron. No hubo distancia ni cautela; al contrario, corrieron uno hacia el otro con una emoción tan pura que a Alejandra se le encogió el corazón. Se olfatearon apenas, dieron un par de vueltas y luego se frotaron el rostro, como si reconocieran un olor familiar, una memoria antigua. La emoción era tan evidente, tan real, que Alejandra y Papá Pilo comprendieron de inmediato que eran hermanos.

La llamaron Israella.

Desde el primer día, su presencia trajo calma. Tenía una energía tan dulce y sabia que parecía envolver la casa con un manto invisible de paz. No necesitaba llamar la atención, su sola existencia bastaba para que todo se sintiera más ligero. A Alejandra le parecía un tanto cómico que, a pesar de que Israella era apenas una bebecita, se comportara como toda una señorita. Daba la sensación de que era un alma vieja.

Alejandra pronto descubrió que aquella pequeña tenía un don. Cuando sus rodillas dolían, Israella se acostaba justo sobre ellas, ronroneando largo rato, como si su cuerpo supiera dónde hacía falta sanar. Con el paso de los días, Alejandra notó que el dolor cedía, que el malestar se desvanecía poco a poco. Israella no solo aliviaba el alma; también sanaba el cuerpo. Era imposible no creer que había algo divino en ella. Fue entonces, a los pocos días de su llegada que Island cayo enfermo. El ambiente en la casa se volvió más silencioso, como si todos contuvieran el aliento.

Israellita, que hasta entonces había sido curiosa y juguetona, cambió repentinamente su comportamiento. Se acercó a su hermanito con una calma profunda, se acomodó a su lado y comenzó a ronronear con un tono que Alejandra nunca antes le había escuchado. No era el ronroneo habitual, ese que expresa placer o cariño; era más bajo, más sostenido, como si proviniera de algún lugar interior y antiguo.

El aire a su alrededor parecía volverse tibio, casi palpable, y su mirada se perdía en un punto invisible, serena, concentrada. Parecía entrar en un estado de meditación, como si entendiera que su presencia tenía un propósito. Alejandra observaba con asombro cómo el cuerpecito de Israellita se relajaba mientras el de Island descansaba más tranquilo. Había una especie de sincronía entre sus respiraciones, una comunicación silenciosa que trascendía todo lenguaje conocido.

Fue entonces cuando recordó algo que había leído alguna vez: los antiguos egipcios consideraban a los michinianos seres sagrados, guardianes del equilibrio entre el mundo físico y el espiritual. Se decía que podían absorber la energía densa, transmutarla y devolverla en forma de calma y sanación. Sus ronroneos, creían, eran vibraciones capaces de restaurar lo que se había roto, de alinear el cuerpo con el alma. Y al ver a Israellita tan concentrada, comprendió que quizá esos antiguos sabios no se equivocaban.

Pero Israellita no estaba ahí por Island, ella tenía otra misión.

Grecia aún cargaba la tristeza por la partida de Muñequita: había dejado de comer, de jugar, de moverse. Vivía en silencio, refugiada en su propio duelo. Israellita la observó unos días desde la distancia y luego decidió acercarse. Aguantó los gruñidos, los rechazos y los bufidos sin responder jamás; regresaba, una y otra vez, con la misma paciencia infinita.

Hasta que un día, sin que nadie hiciera nada especial, la magia sucedió. Grecia salió de su escondite, comió un poco, luego buscó a Israellita y se acostó junto a ella. Esa noche durmieron abrazadas. Alejandra las miró en silencio, con lágrimas contenidas, entendiendo que esa pequeña siamesa había venido a cumplir una misión que iba mucho más allá de lo visible. Ella le estaba enseñando, además, el verdadero significado de la hermandad.

Con el tiempo, Israella se convirtió en la sanadora oficial del hogar. Curó la pena de Grecia, alivió el cuerpo de Alejandra, le devolvió las energías a Island Teleso y apapachó el alma de Papá Pilo. Muchos aseguran que, cuando algo dolía —una pierna, un hombro, un corazón cansado—, Israellita lo sabía antes que nadie. Se acercaba despacio, se acomodaba justo donde dolía y se quedaba ahí, quietecita y ronroneando, hasta que el dolor se rendía.

También demostró ser una gran maestra. A través de ella, muchos comprendieron que los pequeños peludos también tienen un alma profunda, capaz de elevarnos espiritualmente, sin necesidad de egos o pretensión.

La empatía es tener el valor de mirarse de frente en el espejo del otro. A veces, con eso, es más que suficiente.

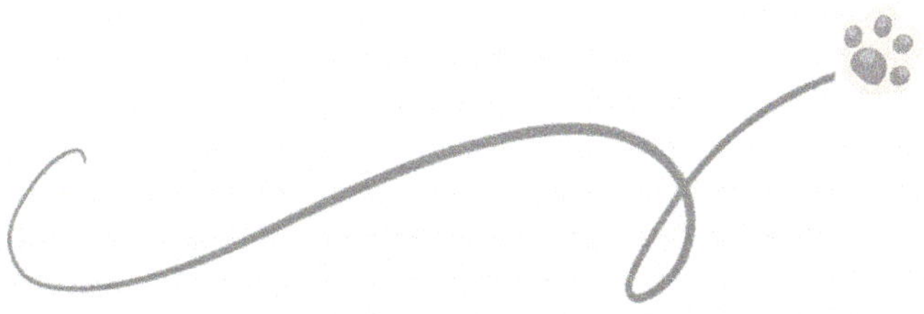

Mayita Tulum

El reino michiniano nunca deja de transformarse. Island Teleso, el gran conquistador, sigue expandiendo su imperio con elegancia y determinación. Romita Michiniana se ha convertido en la observadora sabia del hogar; Grecia juega bajo la mirada protectora de Israellita, y Papá Pilo sonríe con la serenidad de quien aprendió que todos merecen ser amados. Y Alejandra, ella, pues, atiende a su majestad, Island Teleso, y su tropa michiniana.

Eran las seis de la mañana y ya se sentían los primeros rayos del sol. Todo parecía ir con una calma extraña. Papá Pilo había detenido su marcha y llamó a Alejandra. Solo dijo una frase:
—Amor... ven, por favor.
Y entre la estática del teléfono, se escuchó un maullido. Alejandra cerró los ojos.
—¡Ay Calambas! Otra vez no... —susurró, aunque en el fondo sabía que no podría negarse.

Cuando llegó, lo encontró sosteniendo una diminuta bolita de pelos, empapada y temblorosa. Había corrido entre los autos de una avenida muy transitada, esquivando el caos con una valentía que no correspondía a su tamaño. Sus ojitos, enormes y luminosos, no mostraban miedo, sino carácter. Así fue como Mayita Tulum llegó al clan michiniano. El primero en recibirla fue Island Teleso, el amo y soberano del reino.

La observó en silencio, como quien evalúa a una posible aliada, y ella le devolvió la mirada sin vacilar. Desde aquel momento, Island supo que no era una michiniana cualquiera. Mayita no solo cumplía con los requisitos de un reclutamiento de alto nivel, sino que los superaba con creces. Tenía porte, carácter y una seguridad innata que imponía respeto. Caminaba con la elegancia de quien sabe exactamente quién es, y en su mirada había un aire de grandeza que no necesitaba demostrarse. No por nada la llamaron "la gatiniña fresa".

No se mezclaba demasiado con el resto del clan; parecía disfrutar de la distancia que le otorgaba cierta distinción. Island, intrigado, observaba sus movimientos con detenimiento. En ella veía reflejadas sus propias cualidades: estrategia, disciplina y una inteligencia que sabía combinar la astucia con la calma. Por eso, no tardó en decidir que sería su recluta personal, la digna aprendiz del estratega supremo del reino michiniano.

Cada tarde la entrena con rigor y paciencia. Le enseña las técnicas milenarias michicattas: el arte de la manipulación, los ronroneos estratégicos, la disciplina del salto perfecto y la serenidad del ataque medido. Mayita, con dedicación y concentración, cumple con cada exigencia, demostrando una y otra vez que fue hecha para grandes misiones. Por su excelente desempeño, fue galardonada como "La garrita del año" por segundo año consecutivo.

Y así, entre juegos y estrategias, sellaron una alianza que trascendería más allá de cualquier reino.

Con Island comparte un lazo indestructible. Es su cómplice, su compañera y casi su guardaespaldas personal. Juntos dominan el territorio con sabiduría y equilibrio, como si el destino los hubiera unido para recordarle al reino que la verdadera fuerza se encuentra en la unión, en la lealtad y el respeto mutuo. Entre ellos basta una mirada para entenderlo todo; no necesitan palabras, solo esa complicidad silenciosa que se construye cuando hay respeto y confianza verdadera.

Es noble pero decidida, aunque es leal, no es sumisa. No sigue a nadie. Acompaña a Island Teleso, pero no camina detrás: camina a la par. Ama con firmeza, pero sin perder su centro; primero se ama a sí misma y, desde ahí, ama a los demás. Tiene la elegancia de quien sabe poner límites sin decir una palabra. Papá Pilo dice que tiene “la mirada de quien no pierde el tiempo ni negocia tonterías”, y la verdad... razón no le falta.

Mayita nos enseña con su ejemplo que la lealtad más poderosa no se basa en obedecer, sino en elegir con conciencia a quién se entrega el alma. Que no hace falta renunciar a ser uno mismo para pertenecer o encajar. Alejandra la observa con admiración y no puede evitar sonreír al pensar: “¿Cómo es posible que ella, una michiniana, venga a enseñarme a no ser una migajera?”, mientras mueve la cabeza, comprendiendo que, en su silencio, Mayita le está mostrando lo que significa vivir con autenticidad: sin miedo y sin pedir permiso para brillar.

Maya Tulum le enseño a Alejandra a vivir sin buscar ser aceptada, libre de prejuicios, auténtica y fiel a sí misma.

El deseo de encajar puede desgastar los bordes del alma. Ser fiel a uno mismo es la forma más pura de pertenecer.

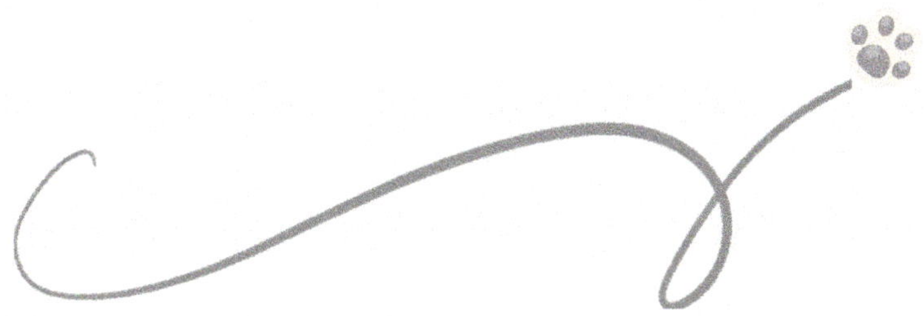

Noche

Después de varios años de aprendizajes, risas y sueños, Alejandra y Papá Pilo decidieron unir sus vidas en una ceremonia familiar. El día de la boda fue un día lleno de paz, de sonrisas y de miradas que decían más que mil palabras. Papá Pilo había mandado enmarcar una fotografía de Muñequita para que los acompañara. Aunque no estuvo físicamente, ambos sintieron su presencia sutil, como una caricia invisible que los envolvía desde algún lugar del cielo.

Aquel día no solo marcó la unión de dos locos enamorados, sino también la complicidad de dos niños que habían aprendido a sanar. Fue el encuentro de dos almas que, después de tanto buscar, finalmente encontraron refugio una en la otra. Poco después se mudaron lejos de la ciudad, a un rincón de la montaña, lejos del ruido citadino, donde la vida prometía un nuevo comienzo para los González.

El nuevo hogar estaba rodeado de árboles, montañas y un silencio que solo era interrumpido por el canto de los pájaros. Allí, las noches eran tan claras que las estrellas parecían colgar de las ramas. Era un sitio hermoso, pero también salvaje: en la zona vivían coyotes, zorros y osos que rondaban los senderos cuando caía el sol. Aun así, Alejandra y Papá Pilo sentían que aquel era el lugar donde debían estar. Ninguno de los dos tenía la más mínima sospecha de todas las aventuras que ahí los estaban esperando.

Un día, Alejandra regresaba a casa después de una larga jornada. Había pasado meses difíciles, enfrentando problemas de salud, pero ese día se sentía más fuerte, más viva. Mientras conducía por el camino de curvas, observaba el cielo despejado y repetía una y otra vez su oración favorita: *Hágase Su Voluntad*. Era su forma de agradecer, de rendirse ante la vida con humildad y confianza. Sin embargo, el destino estaba a punto de ponerla a prueba.

Casi al llegar a la entrada de su calle, se topó de nuevo con una mancha con patas. Un perrito de pelaje oscuro caminaba con paso cansado, delgado, con la mirada perdida. Alejandra no supo por qué, pero esta vez detuvo el auto. En el asiento llevaba un sándwich —el favorito de Papá Pilo— y, sin pensarlo, bajó para ofrecerle un pedazo. El perrito se acercó temblando, devoró el pan con desesperación y luego levantó la mirada. En esos ojos había algo imposible de ignorar: un ruego silencioso, pero también una extraña calma, como si supiera que por fin había llegado al lugar correcto.

Entonces, un hombre apareció entre los arbustos. Gritaba palabras duras, insultos y amenazas. Alejandra sintió miedo, pero el miedo no la ganó. Recordó las palabras que venía repitiendo desde el auto. Alzó la vista y murmuró con cierto enfado al cielo:
—Si esto es lo que quieres, que me siga hasta mi casa.

Y así fue.

El perrito la siguió durante todo el trayecto, sin detenerse. Cuando Alejandra abrió la puerta del coche, él ya estaba allí, esperándola. Alejandra levantó su vista al cielo, una vez más con ojos como preguntándose: "¿En serio?" Y entonces una mariposa se posó en su mano, como diciendo "sí". Y fue entonces cuando comprendió: no era ella quien lo había encontrado, era él quien la había elegido.

Papá Pilo llegó minutos después. —No podemos quedarnos con él —dijo, intentando sonar firme—. Pero Alejandra, entre lágrimas, le contó lo que había visto y escuchado: los gritos, la violencia, el miedo. Temía que aquel hombre le hiciera daño a ese pobre cachorrito. Hubo un largo silencio. Y en ese silencio, ambos sabían que el destino ya había hablado.

Esa noche, el perrito durmió bajo techo. Parecía como si llevara años sin dormir. Alejandra lo llamó Noche, por el color de su pelaje y la calma que trajo consigo. Era el primer perriniano en un reino de michinianos, y aunque al principio todos lo miraron con cautela, lo aceptaron de inmediato.

Island Teleso, postrado en su castillo, fue el primero en observarlo con curiosidad, calculando cómo integrarlo a su sistema de jerarquías. Como buen líder, le gustaban los retos. Había algo en esta oportunidad que no se iba a permitir dejar pasar. Toda la tropa sabía que era un excelente estratega y confiaban ciegamente en su decisión. Siempre lograba lo que se proponía. Además, un recluta perriniano podría traer ventajas para sus planes michiavélicos.

Al día siguiente, el veterinario sugirió que Noche había sido abandonado y posiblemente maltratado. Con apenas un añito, parecía que había tenido un hogar. Sabía responder a comandos; era dócil, obediente, noble. Era muy probable —dijo— que lo hubieran "botado como basura" en aquella zona deshabitada y se marcharan sin mirar atrás. Lo dejaron ahí, a su suerte, entre los árboles, donde los coyotes merodeaban y las noches eran tan frías que hasta el alma tiritaba.

Alejandra sintió que el corazón se le estrujaba nuevamente. No podía concebir la crueldad de quien abandona una vida así, sin la más mínima compasión. Lo abrazó tan fuerte, como si en ese abrazo intentara borrar la tristeza y el miedo que sus ojitos expresaban, y le prometió que nunca volvería a pasar ni hambre ni frío. Al escuchar esto, Noche sonrió.

Los primeros días fueron caóticos: sillas mordidas, zapatos destrozados, cortinas rasgadas... No era rebeldía. Era miedo. El miedo a ser abandonado otra vez. Noche había desarrollado ansiedad por separación canina. Alejandra lo entendió y, por eso, en lugar de enojo, eligió la paciencia. No sin antes, de vez en cuando, jalarse los cabellos.

Con el tiempo, Noche no solo aprendió a confiar, sino también a vencer su ansiedad. Ya no despertaba con sobresaltos, ni lloraba con las tormentas, ni temía el sonido de una puerta al cerrarse. Noche también aprendió que no todos los humanos son iguales y supo que él ahora tenía un hogar y una familia que lo amaría y cuidaría para siempre.

Una tarde, mientras Alejandra leía junto a la ventana, algo la hizo detenerse. Un vértigo repentino la obligó a cerrar los ojos; el mundo giraba a su alrededor. Antes de que pudiera caer, Noche se lanzó hacia ella, cubriéndola con su cuerpo. No ladró, solo reaccionó. Se quedó con ella y la sostuvo. Cuando Alejandra abrió los ojos, lo vio mirándola con ternura, lamiéndole las manos, como diciendo:
—Ya pasó. Estoy aquí. Yo también puedo cuidar de ti.

Y desde ese momento —literalmente hablando—, se convirtió en su sombra. Como si su misión en la vida fuera asegurarse de que Alejandra nunca volviera a caer.

En esta historia, Noche fue el maestro de Alejandra, pero también Alejandra se convirtió en la maestra de Noche. Ella le enseñó a volver a confiar, a entregarse sin miedo, a entender que las despedidas no siempre significan pérdida. Le mostró que podía descansar sin vigilar, dormir sin miedo y creer en las segundas oportunidades, porque ella siempre estaría ahí: esperándolo, cuidándolo, amándolo. En ese intercambio sagrado de ternura y paciencia, ambos comprendieron que se habían rescatado el uno al otro.

Hoy, cuando el sol cae y la montaña se viste de estrellas y baños de luna, Noche se acuesta a su lado con la misma paz de aquel primer abrazo. Y mientras Alejandra cierra los ojos, lo hace tranquila, porque sabe que Noche siempre estará a su lado. Ambos entendieron que no tenían que ser de la misma especie para poder formar una verdadera amistad.

En el andar de la vida, hay almas que nos eligen en silencio y nos permiten creer que fue nuestra elección.

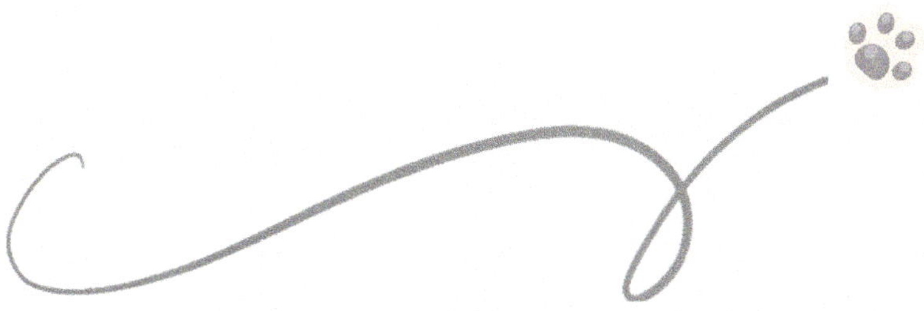

Itzae

Era domingo, uno de esos días tranquilos en los que el tiempo parece detenerse. Alejandra conducía mientras Papá Pilo iba a su lado. Venían riendo y hablando de todo y de nada, que si los planes de la semana, que si los pendientes de la casa. Era una charla ligera, mezclada de alegría y gratitud, de esas que hacen que el alma respire sin prisas. El sol se filtraba entre los árboles, y una brisa tibia jugaba con los mechones del cabello de Alejandra. Todo parecía estar en santa paz.

En medio de los planes y las risas, Alejandra alcanzó a ver algo de reojo: un par de orejitas apenas visibles al borde del camino. Parecían quietas entre la maleza, como si estuvieran esperando ser vistas. Fue solo un destello, un presentimiento, una vibración tan sutil que parecía venir de otro lugar. Una fuerza más grande que ella la hizo reaccionar sin pensar.

Alejandra frenó y, en cuanto le fue posible, giró el volante para regresar. Lo hizo con una precisión instintiva, como si el tiempo se hubiera detenido y alguien guiara sus manos. Todo ocurrió tan rápido, que aquello pareció una escena sacada de una película de acción. Hasta el día de hoy, Alejandra no comprende cómo supo que ese inocente michito estaba ahí.

Papá Pilo bajó del auto en cuanto se detuvo, mientras Alejandra seguía temblando, tratando de sobreponerse a la maniobra. El aire estaba inmóvil, denso, pesado. A unos pasos, sobre el pasto húmedo, yacía un frágil cuerpecito.

Tenía los ojos entrecerrados, rojizos, y respiraba tan débilmente que parecía que ya no lo hacía. Era tan pequeño, casi no pesaba. Papá Pilo se había bajado las mangas del suéter, como preparándose por si el miedo del pequeño lo hacía reaccionar, pero no hubo arañazos ni maullidos. Ese inocente cuerpecito solo temblaba. Se había quedado quieto, como si hubiera olvidado que aún tenía vida. Se veía desnutrido y, como si en su corta vida jamás hubiera tomado agua, ambos supieron que tenían que actuar con rapidez.

Papá Pilo se acercó y lo levantó con cuidado. El gatito, por instinto, lanzó una patadita torpe, un bufido apenas audible. Pero su fuerza se apagó tan rápido como llegó. Papá Pilo lo sostuvo con una ternura que contrastaba con su tamaño y su voz firme. Alejandra lo miraba, sintiendo cómo el corazón se le apretaba en el pecho. Era evidente que ese bebito no solo había sido abandonado; por lo que veía, empezó a sospechar que lo habían dejado ahí creyendo que ya no tenía aliento o que no sobreviviría. Se veía muy mal. Ambos empezaron a prepararse en silencio para lo peor. Lo llevaron al hospital.

El médico lo recibió de inmediato. En cuanto lo examinó, su rostro cambió por completo. Su mirada compasiva también tenía impotencia. Les explicó que el pequeño tenía apenas tres meses, pero mostraba señales de maltrato extremo. Las patitas delanteras estaban endurecidas con restos de una sustancia amarillenta, probablemente pegamento. Alguien se las había pegado entre sí. Presentaba también una posible fractura “vieja” en una de ellas, que ya había sanado.

El veterinario hizo una pausa, respiró hondo y añadió con voz profunda:
—Lamentablemente, no es un caso aislado. Muchos son maltratados, usados, violentados en formas indescriptibles; caen en manos de gente sin escrúpulos, sin corazón y sin el menor respeto por la vida. La mayoría... no sobrevive.

Alejandra soltó un gemido de dolor; sintió que el aire se le iba del cuerpo. Además del maltrato —explicó el doctor—, tenía una infección respiratoria severa. Su cuerpecito se debilitaba cada vez más entre toses y jadeos, luchando por cada bocanada de aire. Papá Pilo lo miró con una mezcla de rabia y ternura, y Alejandra, triste y furiosa, con las lágrimas ya corriéndole por las mejillas, susurró con la voz entrecortada:
—A partir de hoy, nunca más vas a sufrir.

Itzae fue el nombre que Alejandra le dio, que en lengua maya significa “regalo del cielo”.

Cuando llegó al hogar, toda la familia michiniana lo recibió con mucho amor. Island, el líder de la manada, organizó todo para darle la bienvenida con las garritas abiertas. Sin embargo, el que más sorprendió a todos fue Noche. A pesar de no ser de la misma especie, se acercó lentamente y lo olfateó con respeto. El cariño nació casi de inmediato. Fue como si entre ellos se reconocieran, como si ambos entendieran el lenguaje de su energía. Desde ese día, se convirtieron no solo en amigos, sino en hermanos.

La recuperación de Itzae fue lenta, pero milagrosa. Día tras día, Alejandra lo alimentaba con una jeringa, le limpiaba las patitas y le hablaba con dulzura. Al principio la observaba con desconfianza, con los ojos muy abiertos, como si temiera que el cariño fuera otra trampa. Pero poco a poco comenzó a relajarse, hasta que un día, sin aviso, le regaló su primer ronroneo. Fue el sonido más hermoso que Alejandra había escuchado en mucho tiempo. ¡Itzae lo había logrado!

Con el paso de las semanas, el pequeño sobreviviente se transformó. Donde antes hubo miedo, ahora había energía y alegría. Era un torbellino de vida. Corría por los pasillos, trepaba cortinas, derribaba todo lo que encontraba a su paso. Alejandra tuvo que despedirse de todas sus amadas plantas, una por una, después de que él las convirtiera en su parque de aventuras. Le encantaba morderle los pies cada mañana, solo a ella, como si fuera su manera de decirle:
—Despierta, flojilla, levántate y dame de comer.

Comía con un apetito feroz y dormía poco. Se pasaba el día en busca de aventuras. Era imposible enojarse con él. Repartía besos y abrazos con generosidad infinita. Parecía que en su pequeño cuerpo cabía el amor del mundo entero.

Alejandra lo observaba a menudo y no podía dejar de pensar: ¿cómo puede alguien que vivió tanto dolor y crueldad dar tanto amor? Empezaba a sospechar que ellos, tal vez, no eran los "rescatados", sino más bien ***Los Grandes Maestros***.

Itzae no había olvidado su pasado ni todo el sufrimiento que vivió. Lo recordaba, pero no permitía que el dolor de los días fríos dictara su presente. Su verdadera fortaleza no estaba en haber sobrevivido, sino en haber perdonado. Mientras los humanos nos quedamos aferrados al dolor, él había elegido soltar y vivir. Vivir libre de aferramientos inútiles. Había dejado atrás el miedo, el rencor y la desconfianza... y los había transformado en su arma más pura: el amor.

Alejandra, muy enternecida, lo miró una tarde mientras Itzae dormía, completamente en paz. Entendió que aquella pequeña alma le estaba regalando una de las lecciones más grandes de su vida: que el pasado no se borra, pero sí puede transformarse; que las heridas pueden volverse alas; y que el dolor —cuando se deja atrás— se convierte en libertad.

Itzae la había salvado sin saberlo. Le enseñó que sanar no es olvidar, sino elegir no cargar más con lo que nos hirió. Y que, aún después de la oscuridad, siempre se puede volver a amar. Alejandra se sintió avergonzada por haber cargado tantos años con su basura emocional. Y ahora, así, de repente, aquel angelito peludo le estaba enseñando a soltar lo que ya no servía, a perdonar y a vivir en el presente.

Itzae representaba el valor del perdón y le mostró, con su ejemplo, que el perdón no es para el otro, sino para uno mismo. Que perdonar desde el amor y de corazón es la única forma de liberarse de las cadenas pesadas e invisibles del resentimiento, y vivir desde la verdadera esencia del ser.

El dolor es fuego y también semilla. Si lo rehúyes,
te quema; si lo abrazas,
florece en sabiduría.

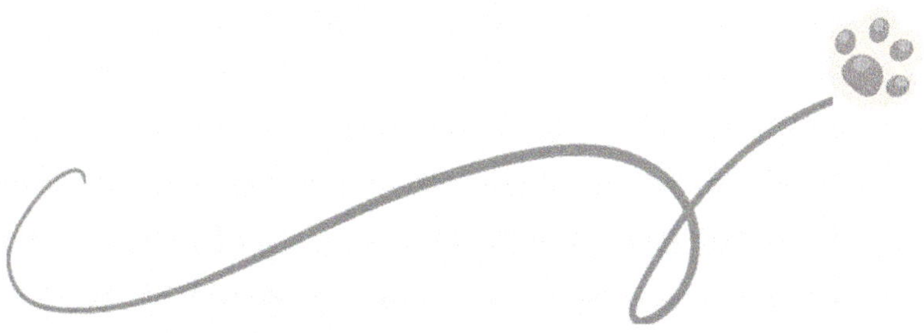

Thunder

Septiembre había llegado con fuerza. El cielo, antes azul y sereno, se tornó gris y pesado. Los vientos rugían como bestias desatadas, y el huracán golpeó la montaña donde vivían Papá Pilo y Alejandra con una furia que nadie esperaba. Durante días, la lluvia no dio tregua. La tierra se ablandó y los árboles cayeron como si el cielo los arrancara de raíz. Los caminos quedaron bloqueados y el silencio del aislamiento se volvió una presencia más en casa. Una semana sin luz, sin señal, sin noticias. Solo ellos y la banda perri-michiniana. Estaban bien. Habían sido bendecidos: su hogar no sufrió ningún daño, y tenían suficiente para varios días.

Cuando por fin se logró trabajar para desbloquear los caminos, todo el vecindario se unió en una solidaridad inesperada. No importaban las nacionalidades, los acentos ni el color de la piel. Había manos levantando ramas, empujando piedras, compartiendo agua, sonriendo entre el cansancio. Era una escena casi milagrosa: almas que no hablaban el mismo idioma, pero que se entendían desde el corazón. Fue una unión silenciosa y poderosa, una de esas que solo nacen cuando la madre naturaleza sacude las conciencias y los humanos recuerdan su humanidad.

Después de varios días de esfuerzo, lograron limpiar algunas calles, al menos las mas importantes, y fue entonces cuando Alejandra y Papá Pilo pudieron por fin salir a buscar víveres.

El trayecto hacia la ciudad fue complicado: largas filas, gasolineras cerradas y rostros cansados que trataban de recuperar algo de normalidad entre los escombros. Alejandra conducía con cuidado, intentando ahorrar cada gota de gasolina, mientras Papá Pilo observaba el horizonte en silencio. El ambiente se sentía extraño: la ciudad había cambiado. En el aire se respiraba incertidumbre; mamá Tierra les había regalado un pequeño recordatorio de lo frágil que puede ser la vida cuando el viento se enfurece y los obliga a escuchar. Todo alrededor se veía tan caótico.

Ya de regreso a casa, un tanto desalentados, Alejandra, a lo lejos, vio algo tirado en medio del asfalto. Era difícil ver con claridad. El tráfico era intenso; los autos pasaban a gran velocidad, pero aun entre tanto tumulto alcanzó a distinguir una bolita de pelos que ya no se movía. No dijo nada. Solo sintió un vuelco en el pecho y siguió su camino.

De pronto, Papá Pilo exclamó con un grito que tenía una mezcla de desesperación y fe:
—¡Está vivo!

En un solo movimiento, Alejandra logró orillarse con precisión milimétrica. Papá Pilo no esperó a que el auto se detuviera por completo: abrió la puerta y corrió hacia el pequeño cuerpo que yacía en medio de aquella carretera. Alejandra lo observaba por el espejo retrovisor, conteniendo el aliento, temiendo lo peor. Debido a las circunstancias, estaba casi segura de que ya no habría nada que hacer.

Pero cuando lo vio regresar, sintió cómo algo dentro de ella se aflojaba. Papá Pilo traía en sus brazos una pequeña vida: un gatito atigrado que temblaba, con los ojos abiertos de par en par y el corazón latiendo a toda prisa.

Era increíble. Entre tanto caos, entre tanto peligro, aquel ser tan frágil no tenía un solo rasguño. Era como si el huracán lo hubiera acogido y amorosamente dejado ahí, justo en el momento preciso en que ellos iban a pasar por ese lugar. Esto ya no parecía una coincidencia, era un acto deliberado. Thunder los estaba esperando. Y así lo entendieron, una vez más, la vida ponía a Alejandra y Papá Pilo en el camino donde encontrarían a un alma que necesitaba de un hogar y amor.

En casa, la banda ahora perrimichiniana lo recibió con mucha alegría. Island, el líder, observó con aire de mando y, tras un silencio solemne, aceptó al nuevo integrante. Israellita lo miró con ternura; ella ya sabía de su llegada y estaba lista para ayudarlo a sanar semejante trauma. Todos comprendieron que Thunder —como lo llamaron, por la tormenta que lo trajo— no era como los demás. No buscó atención ni caricias. Se mantuvo al margen, en los rincones, marcando su distancia, parecía nervioso, como si aún escuchara el rugido del viento que lo había llevado a tierras lejanas.

Era un alma reservada, misteriosa. Se acercaba solo cuando quería. No se dejaba cargar ni consentir; y, sin embargo, había en su mirada un brillo sereno, como si comprendiera que ahora ya no tendría que correr ningún peligro nunca jamás.

Con el tiempo, Alejandra descubrió algo peculiar: Thunder tenía una extraña fascinación por el agua. Cada mañana encontraba pedacitos de servilleta dentro de los tazones, como si "alguien" intentara filtrarla. Durante días creyó que era una travesura compartida, hasta que una madrugada lo sorprendió con "las garritas en la masa", concentrado, como si estuviera resolviendo un problema importante. Desde entonces lo apodaron el ingeniero, porque parecía decidido a mejorar el mundo, empezando por la calidad del agua. A Alejandra no le quedó de otra más que sonreír y resignarse.

Todo marchaba bien, hasta que, de pronto, Thunder comenzó a comportarse diferente. Alejandra empezó a encontrar pequeñas "advertencias líquidas" en lugares insólitos: un suéter, los zapatos, el sillón. Pensó que eran caprichos, pero las señales se repitieron con insistencia, cada vez más difíciles de ignorar. Hasta que, una noche, Thunder decidió dejar su mensaje más claro, justo encima de Alejandra. Ella despertó sobresaltada y, al mirarlo, comprendió que algo andaba mal. Thunder la observaba a la distancia, y ahí pudo darse cuenta de que en sus ojitos había angustia, no maldad.

A la mañana siguiente lo llevó al veterinario. El diagnóstico fue contundente: Thunder sufría de arenilla en los riñones, un padecimiento muy doloroso que, de no haberse atendido a tiempo, habría empeorado, provocando consecuencias irreparables. Alejandra se quedó en silencio. Entendió que aquellas travesuras no eran para fastidiarle la vida, sino su forma inocente de pedir ayuda y llamar su atención.

Además del tratamiento médico, Thunder también recibió los poderes sanadores de Israella, y estos fueron una clave importante para su pronta recuperación. Aunque Thunder la rechazaba, Israellita se quedaba a su lado durante las noches enteras, ignorando sus protestas. Lo cuidaba mientras él dormía. Conocedora de la obsesión de él, le llevó una servilleta para que él mismo la colocara en su tazón de agua. Alejandra los observaba, maravillada y conmovida.

Con el paso de los días, Thunder empezó a mostrar mucha mejoría. Aunque su personalidad no cambió y sigue siendo uraño, la banda lo entiende y lo respeta. Le dan su espacio, y si él quiere compartir, aunque sea por ratos, lo reciben con alegría. De repente se acerca con Alejandra y le da vueltas en las piernas, como si esa fuera su forma de decirle: gracias.

Alejandra entendió que incluso el silencio puede hablar, que hay miradas que gritan auxilio y actos que parecen rebeldía, pero en realidad son formas de pedir amor. Thunder le enseñó que no todos los mensajes llegan con palabras y que, a veces, lo que creemos un castigo no es más que una súplica escondida en medio del caos.

Thunder también había venido a enseñarle algo más profundo: el valor de respetar las diferencias. Entendió que cada ser, humano o animal, tiene su propio modo de amar, de expresarse, de sanar y de ser. Que no todos buscan abrazos ni responden del mismo modo, y que eso también está bien.

No todo lo que duele viene a castigarnos.
Algunas lecciones llegan vestidas de desorden para revelarnos lo mejor de nosotros mismos.

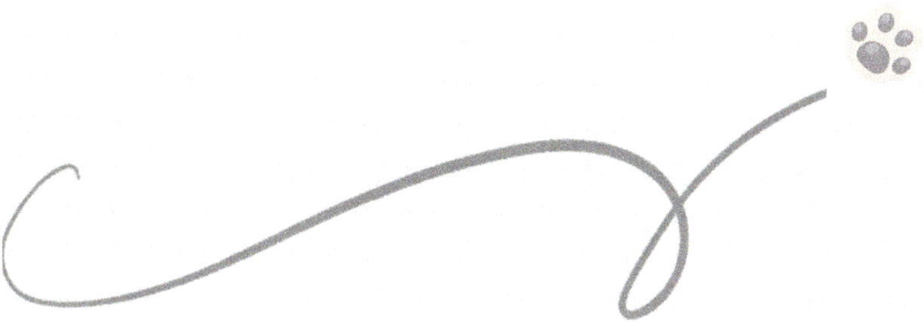

Imperia

A esas alturas del partido, en el cálido hogar de los González, se respiraba cierta resignación. La familia había crecido inesperadamente y, entre risas y bromas, Papá Pilo y Alejandra solían repetir que, cada vez que salían, nunca regresaban con las manos vacías. Era como si el universo se empeñara en ponerles un angelito peludo en el camino. Y, aunque se sentían sorprendidos cada vez, en el fondo ya sabían que no existían las coincidencias.

Era diciembre; el aire olía a invierno y las luces de las casas cercanas titilaban a lo lejos. Esa noche, Alejandra, de forma inesperada, le propuso a Papá Pilo salir por un café. No era algo habitual en ella; jamás tomaba café a esas horas ni solía salir tan tarde, sobre todo porque en aquella zona rural no existían las luces mercuriales: la oscuridad era absoluta. Se sentía extrañada, pero pensó que tal vez aquel antojo era por el cambio de estación. Aparte del frío que hacía aquella noche, había algo más: se sentía inquieta, como si algo dentro de ella le susurrara a su alma: «Ve.»

Condujeron despacio, disfrutando de su compañía, del silencio y de la quietud del camino. La vida se iba de prisa, pero esos momentos les permitían pausar el tiempo. Alejandra amaba esas pequeñas escapadas y esas charlas donde compartían, entre risas, las tonterías del día. Justo en medio de esa calma, algo en el sendero los inquietó.

Alejandra, instintivamente, fue desacelerando. Entre las sombras distinguieron a una familia de gatitos sin hogar. Eran varios, acurrucados sobre la tierra húmeda, y uno de ellos, el más pequeño, se encontraba peligrosamente en medio del camino. Era de pelaje gris, como el asfalto de aquella calle.

Papá Pilo bajó del auto y, con cuidado, llevó a esa diminuta criatura peluda junto a su mamá. Ambos encogieron los hombros, retomaron el trayecto y se alejaron lentamente. Los dos sentían esa mezcla de tristeza e impotencia que a veces se presenta en la vida. Sabían que, aunque su corazón les decía “sálvenlos a todos”, no siempre sería posible.

Al regresar, el destino les jugó una de sus bromas. En medio del camino, justo frente a ellos, estaba el mismo bultito. Alejandra detuvo el auto con un sobresalto. Se miraron en silencio, incrédulos, hasta que ambos rieron nerviosamente.
—A mí se me hace —dijo Alejandra entre risas— que los ángeles ya nos agarraron de sus &@$%#*.

Papá Pilo soltó una carcajada, pero su risa se desvaneció y su semblante cambió cuando pudo ver al gatito de cerca.

Bajo la luz del faro pudieron notar la gravedad de la situación. Era una bebé diminuta, con los ojitos sellados por la costra y un cuerpo tan delgado que apenas respiraba. Alejandra no lo dudó. Con el corazón latiéndole fuerte, la tomó entre sus manos tibias y, sin pensarlo dos veces, se dirigieron con prisa al hospital veterinario más cercano.

El diagnóstico no fue nada alentador: infección ocular y respiratoria avanzada, fiebre alta y desnutrición severa. Debido a esto, no se sabía si lograrían salvar sus ojitos. El veterinario no les ofreció palabras de aliento. Nadie podía explicarse cómo había sobrevivido. Pero lo cierto es que, una vez más, parecía que ella los había estado esperando.

Esa noche, la pequeña fue instalada en el baño de visitas, donde improvisaron una camita con toallas limpias. Le dieron de comer, le hablaron bajito y se quedaron un rato observándola respirar. No sabían qué harían al día siguiente, pero sí sabían que no podían abandonarla. Y, aunque no lo dijeron en voz alta, ambos comprendían que esa pequeña guerrera sería parte de su ya creciente familia.

Darla en adopción no era una opción. Habían escuchado historias de terror, donde aquellos sin voz llegaban a casas de rescate que, lejos de ayudarlos, solo les daban los peores maltratos y les mostraban la crueldad más oscura de los seres humanos. No siempre era así; también había personas amorosas, nobles y buenas, pero ellos no estaban dispuestos a arriesgarla más.

La llamaron Imperia.

Desde el primer día, Island Teleso celebró su llegada. Su plan maestro de conquistar el mundo parecía avanzar sin tropiezos. La nueva recluta fue recibida con honores por su gran valentía, y le prepararon un festín especial, digno de ella.

Pero el que más sorprendió a todos fue Itzae. El antes travieso e incansable juguetón se transformó en un guardián amoroso. Ahí fue cuando se convirtió en *papá Itzae*, como solían decirle entre risas. Desde el primer momento en que olfateó a Imperia, supo que esa pequeña necesitaba calor y ternura más que cualquier otra cosa. Dormía junto a ella, la limpiaba con paciencia y no se separaba de su lado.

Alejandra estaba convencida de que no fue la medicina lo que salvó a Imperia, sino el amor. Era ese lazo invisible entre dos almas heridas que se reconocen, se abrazan y se sanan mutuamente sin decir una palabra. No sabía si aquello era por hermandad o simplemente por empatía, pero era hermoso.

Con los días, la pequeña comenzó a recuperar fuerzas. Sus ojitos se abrieron finalmente, revelando una mirada serena y profunda, casi sabia. Era como si hubiera vivido muchas vidas y hubiera vuelto solo para recordarles algo esencial: que el amor no se busca, simplemente llega cuando debe llegar.

Pronto, Imperia comenzó a mostrar su personalidad. No era ruidosa ni demandante. Prefería observar desde lejos, moverse con delicadeza y elegir cuidadosamente con quién compartir sus momentos. Pero había algo en ella que fascinaba a todos: una pequeña manía que la hacia única.

Mientras los demás jugaban con juguetes de plumas o pelotas coloridas, Imperia ignoraba todo eso y se lanzaba sobre su juguete favorito, una simple tapa de plástico.

Alejandra no tardó en descubrir que se había vuelto una coleccionista experta: cada mañana encontraba tapitas plásticas en su camita, alineadas con precisión. Nadie entendía cómo las conseguía, pero ahí estaban, como pequeños tesoros que resguardaba y la hacían muy feliz.

Imperia enseñó a todos que la alegría no siempre viene en envoltorios nuevos ni en cosas grandes. Que las pequeñas cosas —una liga, una camita, una ventana al horizonte, una caricia suave— pueden ser suficientes para llenar el alma.

Con el paso del tiempo, la enfermedad cedió. El pelaje, antes opaco y sin brillo, se volvió sedoso y plateado bajo la luz del sol. Sus ojitos, que al principio apenas lograban abrirse, ahora brillaban con una claridad nueva, llenos de vida y curiosidad. Se alimentaba con apetito, jugaba, dormía profundamente y cada mañana despertaba con un maullido suave que parecía decir: "Levántense todos, que hay que vivir." Con tanta energía era imposible no contagiarse de ella.

Esa noche, mientras Alejandra la observaba dormir junto a Itzae, comprendió la verdadera lección. A veces, aunque tratemos de evitar lo que nos toca, la vida se encarga de ponernos justo enfrente. Porque lo que está destinado, lo quieran o no, simplemente encuentra su camino.

Con la llegada de Imperia, Papá Pilo y Alejandra comprendieron que las cosas pasan en su tiempo, no suceden cuando o como uno quisiera, sino como deben ser.

Algunos caminos no se buscan, nos encuentran... y el alma, dócil, se inclina ante ellos.

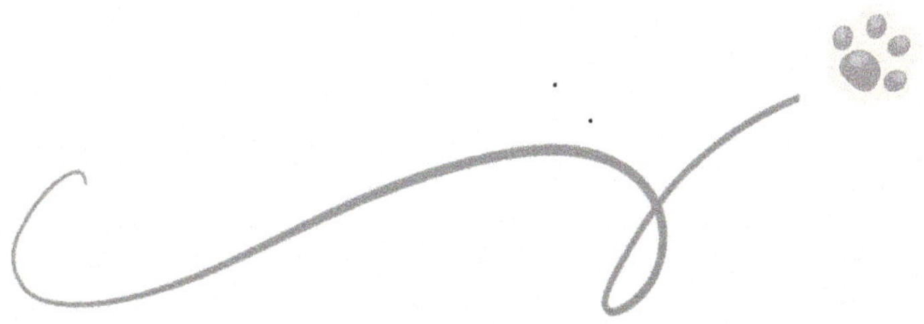

Capitán Shiloh

Era abril, y el aire olía a comienzos. El sol se filtraba con timidez entre las nubes, como si el cielo dudara entre el invierno que se iba y la primavera que quería llegar para quedarse. Faltaban pocas horas para el cumpleaños de Alejandra, pero no sentía deseos de celebrarlo. Había en su pecho una sombra que le apachurraba el corazón, un silencio que pesaba como abrigo mojado. En otros tiempos, solía anticipar con emoción la llegada de una nueva vuelta al sol, hacia planes para festejar, pero esta vez era diferente.

Había decidido pasar el día con su vieja amiga soledad, en la montaña: una cobija, un café, algo de comida y su cuaderno. Quería hablar con Dios, respirar entre los árboles y pedirle respuestas para aquello que aún dolía sin explicación. No sabía que el destino ya había escrito su agenda, seria sorprendida ese día y recibiría un regalo muy especial.

A la medianoche del 16 de abril, la calma se rompió. En aquel rincón rural, donde la noche solía interrumpirse solo por el canto de las chicharras, ahora se escuchaban las sirenas de ambulancias: luces rojas y azules cortaban la oscuridad. Alejandra y Papá Pilo se miraron, sobresaltados. Minutos después, tocaron a la puerta. Eran los hijos del vecino, aquel hombre serio, reservado y distante, con quien Alejandra había intentado conversar alguna vez sin conseguir cercanía.

Con el rostro deshecho, los muchachos dieron la noticia: su padre había fallecido.

—Nuestro padre partió en silencio. Dos noches atrás —dijeron los muchachos—.Hubo un silencio solemne. Tenían apenas unos minutos de haberse enterado.

Alejandra sintió un hueco en el estómago. Se lamentaba de no haber insistido más para hacerle compañía. Ni ella ni Papá Pilo sabían que el señor estaba enfermo. A pesar de vivir tan cerca, el acercamiento no se dio; tal vez era un asunto de cultura. Ellos optaron por entender y respetar su espacio.

Papá Pilo ofreció su ayuda de inmediato, pero casi todo estaba resuelto... salvo por algo esencial: el hombre había dejado a su compañero de más de diez años, un perro anciano que no tenía adónde ir. Bastó una mirada entre Alejandra y Papá Pilo. No hicieron falta las palabras.

Esa noche, durante la cena —antes de la lamentable noticia—, Alejandra le comentó a Papá Pilo que se escuchaban unos ladridos desesperados. Al terminar de cenar, salieron a buscar, pero se encontraron con un silencio abrumador. Más tarde entenderían que era Shiloh, ladrando con todas sus fuerzas... y nadie lo escuchó. Al menos, no a tiempo.

Ambos sintieron un profundo pesar. No sabían de la situación del señor ni que tenía una mascota, el único ser que lo acompañó en sus últimos minutos. A Alejandra se le destrozaba el corazón al imaginar el dolor de aquel peludito, viendo cómo su amo se iba sin decir adiós, mientras él se quedaba con esa profunda tristeza, velándolo en silencio.

La casa del vecino estaba en penumbra y olía a despedida. En un rincón, junto al sofá, yacía Shiloh. Un perrito mayor, con la cabeza agachada, como quien ya no quiere saber más de la vida. Cuando levantó la mirada, en sus ojitos aún se veía el reflejo del último recuerdo que conservaría de su papito. Tenía el hocico encanecido, los ojos hinchados y el cuerpo cansado.

Alejandra se arrodilló frente a él. Sus miradas se encontraron y sintió que algo dentro de ese angelito se desgarraba en silencio. En su pequeño cuerpecito se notaba el peso del tiempo. Lo cargaron con ternura y lo llevaron a casa. No protestó; ya no quedaban fuerzas ni ladridos, solo un cansancio profundo. En cada paso, sin saberlo, dejaba atrás un pedacito de su corazón.

Shiloh no solamente estaba perdiendo a su amo; estaba siendo arrancado de raíz de todo lo que alguna vez conoció: de sus olores, de sus costumbres, de sus rutinas, hasta de su idioma. Atrás dejaba todas las memorias y todos los recuerdos. Y así, de pronto, su vida estaba cambiando por completo. Su tristeza era tan profunda, que Alejandra podía sentirla traspasarle la piel. Pero, al mismo tiempo, esa tristeza le resultaba familiar.

Por medio de los mismos familiares se enteraron de que el capitán fue muy amado por su “papito”. El señor había enfermado hacía tres años, no preguntaron las causas pero supieron de una cirugía mayor y un deterioro rápido de su salud. Desde entonces, su calidad de vida había descendido drásticamente. Por esa razón, Shiloh se mantenía en un pequeño rincón, sin actividad física, a merced de lo poco que su “papá” podía ofrecerle. Pero eso no importaba: lo que sostenía al capitán era el profundo amor y la lealtad hacia el señor.

Los muchachos habrían querido quedarse con él, pero los constantes viajes de trabajo hacían imposible cuidar como merecía a un perrito como Shiloh, especialmente por los cuidados que, por su edad, requería y que ellos no podrían darle. Alejandra aprovechó la ocasión para preguntar si tenían algún registro médico, alguna indicación especial o una costumbre que Shiloh siguiera, algo que pudiera ayudarla a cuidarlo mejor. Pero no tenían ningún tipo de información del Capitán. Alejandra percibió sinceridad en sus palabras y, sin juzgar la decisión de ellos, los despidió con gratitud. Después de todo, a pesar de su dolor, habían pensado en encontrarle un hogar antes que pensar en ellos mismos.

Papá Pilo hizo una pausa en el umbral, se sentó unos segundos junto al capitán Shiloh y, abrazándolo con fuerza, le susurró:
—Hola, yo soy Papá Pilo, y ella es Alejandra. No podemos imaginarnos lo que estás sintiendo, pero quiero que sepas que aquí estamos para ti. Sé que, al principio, no será fácil, pero te prometo que vamos a cuidarte y que siempre honraremos la memoria de tu amado papito. Solo danos una oportunidad. Con sus palabras, estaba marcando un destino.

Alejandra no podía parar de llorar. Era un momento doloroso, pero sublime: ver al hombre que alguna vez tuvo el corazón duro hablarle con tanta ternura a un peludito era una imagen que le desgarraba el alma y, al mismo tiempo, la llenaba de amor infinito. Al abrir la puerta lentamente, ahí estaban *Ellos: Los Grandes Maestros*. Recibían al Capitán Shiloh con respeto y en silencio, como si comprendieran la magnitud de lo que estaba ocurriendo. Su llegada fue solemne.

Los michinianos, que solían armar alboroto con cada nuevo integrante, se alinearon en silencio a ambos lados del pasillo, como una guardia de honor. Nadie lo tocó, nadie invadió su espacio. Todos podían sentir su duelo. Cada paso del viejo Capitán se sentía tan pesado, como cuando el alma pesa igual que un mundo entero. En el aire se respiraba dolor y, en su mirada... en su mirada no había nada, solo un enorme vacío.

Era un silencio diferente, un silencio que calaba. Los pequeños cuerpecitos peludos parecían estatuas, y en sus ojos brillaba algo que iba más allá del entendimiento humano: sabían. Sabían que ese instante no debía interrumpirse, que estaban presenciando un adiós sagrado. Incluso Noche, permanecía inmóvil, con la cabeza gacha, como si ofreciera su respeto al nuevo miembro del clan. Con la misma nobleza que lo caracterizaba, le dio la bienvenida.

Alejandra fue testigo, por primera vez, del verdadero significado del respeto. Se quedó quieta en el umbral, conteniendo la respiración. Sentía que el aire se había vuelto espeso, lleno de una presencia que no era visible, pero que podía sentirse en cada fibra del cuerpo. Era como si aquellos seres cubiertos de pelaje formaran un puente invisible entre la tierra y el cielo y, con empatía sublime, anunciaran una despedida que no necesitaba palabras ni un adiós.

Papá Pilo, conmovido, no quiso romper aquel momento. Solo colocó una mano sobre el lomo de Shiloh, que avanzaba con paso lento, digno, como si entendiera que estaba siendo recibido con honores. Cada movimiento era una oración muda; cada mirada, un gesto de pésame y solidaridad.

A primera hora de la mañana, Alejandra llevó al Shiloh al veterinario. Quería asegurarse de que su nuevo compañero estuviera bien. Había sido tan abrupto todo lo que estaba pasando que ni siquiera recordó que era su cumpleaños. El veterinario confirmó lo que ya intuían: desnutrición, artritis avanzada y músculos entumecidos por la falta de movimiento.

Pero la dolencia más grave no era del cuerpo, sino del corazón. "Tiene el corazón roto —dijo el médico—, y para eso no existe medicina."

Al escuchar esas palabras, Alejandra sintió una punzada que le atravesó el pecho. Sabía perfectamente lo que eso significaba. Ella también había tenido el corazón roto alguna vez, y había aprendido que a esa herida invisible los humanos la llaman depresión. Comprendió, con dolor y angustia, que Shiloh no solo estaba enfermo: estaba intentando encontrar sentido a la vida en medio del vacío. Y esa búsqueda... dolía.

Las primeras noches fueron desgarradoras. Shiloh gemía bajito, sollozaba en silencio. Su carita tenía ríos de agüita clara. Apenas comía. Papá Pilo, al verlo inmóvil frente a la puerta, sentía un nudo que no sabía deshacer. Entonces el amor empezó su trabajo silencioso. Israella, la sanadora de almas, se acostaba a su lado y ronroneaba despacio, regalándole una calma que parecía bajarle desde otro lugar. Noche, su guardián, se pegaba a su costado y velaba sus sueños; si alguien se acercaba demasiado, emitía un aviso suave, como si dijera: "No hagan ruido, por favor."

Tras una revisión con el veterinario, Alejandra intentó algo distinto. De regreso pasó por la cafetería y pidió un perrichino, una bebida especial para mascotas. Al llegar, ella le acercó el vasito. Shiloh lo olfateó, probó un sorbo y movió la cola. El gesto fue mínimo, pero bastó para romper en lágrimas. Por fin veía en él una reacción positiva.
—Si vuelves a comer, prometo traerte uno cada día —le dijo entre risa y llanto.

Desde entonces, el perrichino se volvió un ritual sagrado: su cita diaria con la vida.

Con el tiempo algo cambió. Volvió el apetito, regresó la chispa a la mirada, apareció la curiosidad. Alejandra quiso comprenderlo más y habló con Fran, una comunicadora interespecies. Lo que supo le atravesó el alma: Shiloh cargaba con una culpa inmensa. Había prometido a su humano que se iría primero, que jamás lo dejaría solo. Pero la vida decidió otra cosa. Por eso no comía ni caminaba: sentía que seguir vivo era traicionarlo.

Los pronósticos no eran buenos.
—Podría no sobrevivir al duelo —advirtieron.

Alejandra se negó a rendirse. Dormía en el suelo a su lado, le hablaba, le cantaba bajito, lo sacaba al sol aunque tuviera que cargarlo. Toda la tropa lo cuidaba; parecían entender el inmenso dolor que el Capitán Shiloh estaba atravesando y, por lo mismo, no iban a “doblar las garritas”.

Una mañana, con la luz entrando tímida por la ventana, el Capitán Shiloh se incorporó solo. Dio un paso. Luego otro. Y otro. Llegó hasta Alejandra y apoyó la cabeza en su pierna. Ella, con el corazón en la mano, respiró hondo. Totalmente enternecida, comprendió que el Capitán había elegido vivir.

Desde entonces, el Capitán Shiloh volvió a mandar con esa autoridad dulce de los viejitos sabios. Patrulló la casa con dignidad, exigió su paseo diario y marcó horarios con precisión de reloj. También se volvió un divo: exigente, mandón, berrinchudo y caprichoso. Su hora favorita: el regreso de Papá Pilo. Se había acostumbrado a su llegada y lo esperaba justo cuando el atardecer caía. Se colocaba frente a la puerta y, en cuanto él la abría, su carita se iluminaba.

Los michinianos entendieron su nuevo compás. Island lo miraba con respeto, de general a general; Israellita seguía enviándole su energía sanadora. Noche, firme, no lo abandonaba. La casa entera ajustó el paso al ritmo del Capitán, como si su corazón marcara el metrónomo del amor que aprende a quedarse. Todos celebraban su presencia: era como si, desde siempre, hubiera sido parte de ellos.

No todo fue línea recta. Hubo días de retroceso, noches con lágrimas, mañanas con desgano. Pero la ternura insistió. El perrichino esperó cada tarde en el mismo cuenco. La puerta se abrió hacia los cálidos brazos de Papá Pilo y mil soles distintos. Las manos que lo acariciaban se volvieron certeza. Y el alma, aunque con cicatrices, volvió a respirar sin miedo.

Su carácter floreció con la misma intensidad que su amor. Ahora Shiloh no solo caminaba sin problemas: volaba. Le encantaba ir al parque, olfatear cada rincón y dejarse envolver por la vida que volvía a latirle dentro. Gruñía si no le daban sus “taquitos de asada”, protestaba si no encontraba su camita perfecta y lanzaba pequeños berrinches cuando Alejandra lo bañaba. Pero detrás de esas manías había una ternura desbordante. Bastaba que ella se sentara para que él se acomodara a su lado, apoyando su patita sobre ella, como si quisiera asegurarse de que, a pesar de sus quejas, Alejandra supiera lo mucho que le agradecía.

El vínculo con Noche se hizo inquebrantable. Donde iba el Capitán, ahí estaba él. Caminaban juntos, dormían juntos, se esperaban el uno al otro. Noche parecía haber asumido el papel de escolta oficial, vigilando cada paso de su comandante. Si Shiloh se detenía, Noche también lo hacía. Si el Capitán quería descansar, Noche se echaba a su lado sin hacer ruido. Era como si sus almas se hubieran reconocido en el dolor y ahora se acompañaran en la luz.

Poco a poco, Shiloh fue integrándose por completo a la familia. Habían conseguido una camisa de su papito y un peluche azul que parecía ser su más grande tesoro. Eran lo único que había quedado de su historia. La familia del señor a veces venía a visitarlo, y el Capitán Shiloh se vestía con sus mejores ropas; se ponía tan feliz... Pero ahora sabía que su nueva familia lo amaba tanto como lo hizo don Robert, su amado papito que bajaba del cielo por las noches a arrullarlo.

Al principio, cuando Alejandra lo llevaba de paseo, el Capitán solía viajar en silencio. Se acurrucaba en su sillita, metía la cabeza y encogía el cuerpo. Su dolor era tan grande que nada parecía importarle; el duelo le estaba rompiendo los huesos. Alejandra lo observó con lágrimas en los ojos muchas veces, pero entendió y respetó su dolor sin presionarlo.

Una tarde, mientras el auto avanzaba entre los árboles y las montañas, bajó la ventana. El aire otoñal ya se sentía fresco y, por primera vez, el Capitán se incorporó, apoyó las patas en la puerta y dejó que el viento golpeara su rostro. Cerró los ojos, alzó el hocico y aquella mirada triste se transformó.

El aire le agitaba el pelaje, mientras sus orejas danzaban al compás de la vida. Alejandra lo observó por el retrovisor y comprendió que el Capitán no solo había sobrevivido a su duelo, sino que había aprendido a vivir en el presente. Desde entonces, cada vez que la melancolía la visita, trae a su mente esa escena. Revivir esa imagen le da esperanza y paz. También se convirtió en su mejor antídoto contra la tristeza.

El Capitán Shiloh le enseñó a Alejandra que ellos también sufren el duelo, pero que también pueden sobrevivirlo. Cuando pierden a su humano, pierden su razón de existir. Pero si reciben suficiente amor, respeto, paciencia, compasión y empatía, el duelo no tiene por qué ser una sentencia final. Shiloh se volvió el mejor ejemplo de resiliencia que Alejandra haya conocido jamás, recordándole que incluso los corazones más heridos pueden volver a amar.

De cierta forma, hemos muerto muchas veces, pero aún en la misma muerte, muchas veces también hemos encontrado la vida.

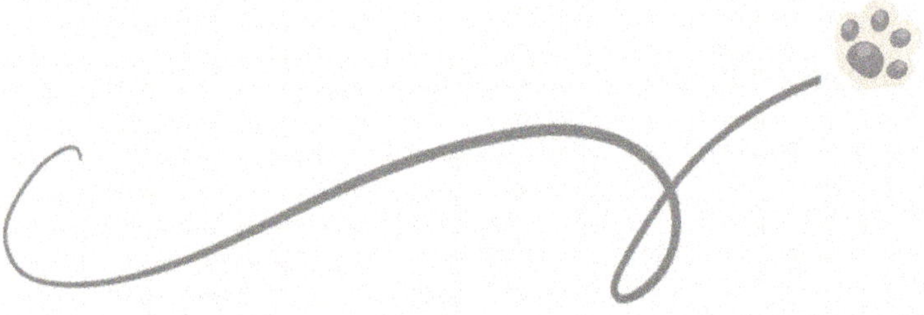

Mori

Con la partida del papito del Capitán Shiloh, había quedado otra alma a la deriva: un pequeño testigo silencioso del amor que había unido a ambos. Era un gatito naranja, de mirada profunda y paso pausado, que merodeaba con cautela por el vecindario. Había hecho del Capitán su hermano, del viejo hogar su refugio y del señor, su única familia.

Cuando Alejandra lo vio por primera vez, comprendió de inmediato que aquel dulce michiniano de ojos grises también estaba de duelo. Pudo reconocer en su mirada esa misma tristeza que alguna vez había visto en los ojitos de Grecia. Mori había perdido más que un techo donde resguardarse de las inclemencias del clima; había perdido al único humano que, más que abrigo, le había dado cariño.

Con el tiempo, Alejandra descubrió que Mori y el Capitán habían compartido muchos años juntos. No eran solo amigos: eran compañeros de vida. Pasaban los inviernos acurrucados bajo la misma cobija, los días lluviosos refugiados en la vieja casita de madera. Y, cuando el papito partió, ambos quedaron suspendidos entre la ausencia y el recuerdo.

Alejandra se armó de paciencia y, decidida a ganarse su confianza, intentó por horas acercársele. Le hablaba con voz suave, el típico y nada funcional pss, pss, pss, mientras le dejaba comida en el umbral. Pero Mori —como le decían— mantenía una distancia prudente, observando desde la esquina con esa mezcla de precaución y estrategia que solo tienen los que han aprendido a sobrevivir desde el silencio.

Island Teleso le había aconsejado que le dejara comidita húmeda y una tacita de leche tibia. Ella sabía que el líder era un gran estratega, así que le hizo caso. Después de un tiempo, una mañana, Mori entró. Lo hizo sin miedo. Su semblante cambió cuando, en la sala, vio a su querido amigo. Alejandra sintió que el aire se transformaba, como si una pieza perdida del alma hubiera vuelto a encajar. Lo recibió con una manta tibia, la mirada serena, una amplia sonrisa y una promesa silenciosa: "Aquí también tienes una familia y un hogar."

La aceptación de Mori fue inmediata. El gran líder, Island Teleso, lo acogió como su consejero principal y le ofreció el jardín como punto de encuentro. Pasaban horas allí, uno junto al otro, en conversaciones que solo ellos parecían entender. Alejandra los observaba desde la ventana, divertida: tanta seriedad le causaba gracia; parecía que discutían temas de Estado, con la solemnidad de dos sabios conspirando por la paz mundial.

Island, con su corazón generoso, preparó un banquete de bienvenida: galletitas, pollito, atún y, por supuesto, su golosina favorita: churus. Desde entonces, el jardín se convirtió en su sala de consejo y amistad.

Pronto descubrieron que, pese a su edad —ya rondaba los catorce años—, Mori tenía un corazón inmenso. Era el más cariñoso de todos. Alejandra, entre risas, exclamaba:

—¡Calambas, Calambas! ¡Por fin un michiniano que me deja darle cariño sin salir corriendo y sin protestar!

Se acostaba sobre sus piernas cuando ella leía, ronroneaba con fuerza y le daba diminutos besos en la mano. Parecía que se conocieran de toda la vida. Su llegada fue también un bálsamo para el Capitán Shiloh. Tenerlo cerca le había devuelto el ánimo; juntos tomaban baños de sol, compartiendo silencios que solo los viejos corazones entienden. Alejandra observaba aquello con ternura mientras suspiraba y se preguntaba a sí misma: ¿por qué los humanos no pueden ser así?

El tiempo con él fue breve, pero lleno de significado. Un día, como de costumbre, Mori salió a dar su paseo por el jardín. Caminó despacio, olfateando el aire, mirando hacia el cielo. Esa tarde no volvió. Alejandra y Papá Pilo lo buscaron por días, recorriendo calles, gritando su nombre con desesperación. Pero Mori no respondió a sus llamados. Y una noche, Alejandra dejó de sentir su energía. Supo entonces que había partido para no volver. Mori no había venido para quedarse, sino a asegurarse de que el Capitán estuviera en buenas manos. Supo que Mori había alzado el vuelo para reunirse con quien fuera su guardián humano.

No hubo despedida, porque nunca la necesitó. Mori había venido a cumplir una misión: acompañar en el duelo, sellar el amor y recordar que, a veces, los encuentros más breves son los que dejan las huellas más hondas. Desde entonces, cuando Alejandra ve un destello naranja cruzar el jardín, sonríe. Sabe que es él, recordándole que el amor verdadero nunca se va del todo; simplemente cambia de forma.

Hay almas que llegan para quedarse.
Son un instante, un suspiro,
y se van...pero la huella que
dejan es inquebrantable.

Nashu, Nahil, Luma y Blanquita

Había sido un día largo y cansado para Alejandra. Pasaban ya de las diez de la noche cuando volvía a casa. Estaba agotada, muy estresada. Había sido uno de esos días en los que todo parece salir al revés. Además, tenía un apetito feroz y, aunque no era su costumbre, se había desorganizado tanto que ni siquiera había tenido tiempo de comer. Solo quería llegar y devorarse lo primero que encontrara.

Mientras manejaba en la oscuridad, alcanzó a ver un bultito inmóvil a la orilla del camino. Bajo la luz fría de los faros, apareció ante ella un suspiro hecho de huesos y piel.

La tomó entre sus manos y, sin pensarlo, se la llevó de inmediato al hospital veterinario. Permaneció allí por horas, en esas horas que parecen eternas cuando el pronóstico es incierto. La atendieron, le pusieron suero, medicinas, calor...
El veterinario le explicó que era una bebecita de apenas seis, quizá ocho semanas. Alejandra la observó y suspiró, preguntándose cómo alguien tan pequeña podía empezar su vida tan solita y sufriendo tanto.

El médico logró estabilizarla lo suficiente para permitir que se la llevara a casa. Alejandra siguió al pie de la letra cada indicación. Pasaron unos pocos días, pero la situación no mejoró. En medio de su desesperación regresó al hospital y, esta vez, las noticias fueron devastadoras: lamentablemente aquel diminuto corazón no había resistido.

El regreso a casa fue eterno. El silencio pesaba. Ella la había nombrado Nashu y, aunque solo habían compartido unos pocos días, se había enamorado de esa pequeña desde el primer segundo en que la vio. Le dolía pensar que había llegado tarde a su vida. Se había esmerado tanto en seguir al pie de la letra las instrucciones del veterinario... La había cuidado de noche y de día: cada tres horas su mamila, cada cuatro la medicina. Pero, a pesar de sus esfuerzos, no lo había logrado. Sentía una mezcla de culpa y frustración, incluso cierta desconfianza hacia quienes la habían atendido en el hospital.

Fue un golpe tremendo. Por un instante revivió aquel sentimiento que la atravesó cuando Paloma tuvo que irse de su vida; era como si Kikis estuviera volviendo a vivirlo todo otra vez. El enojo y el dolor regresaron con la misma intensidad de entonces, tan vivos como si el tiempo no hubiera pasado. Podía entender lo de Mori, pero esto no.

Exactamente siete días después, el destino volvió a ponerla a prueba. En el mismo lugar, en el mismo camino, a la misma hora. Otra gatita, igual de pequeña que la primera, corría desesperadamente bajo la luz del auto. Alejandra alcanzó a notar que la gatita apenas podía moverse. Cuando se acercó, no pudo evitar gritar: sus ojitos estaban llenos de “algo”. Con solo verla, pudo darse cuenta de la severidad de la situación.

Esta vez no se detuvo para digerir el encuentro ni le dio tiempo a la mente de reaccionar; casi automáticamente, una vez más, salió volando hacia el hospital con el corazón rompiéndole el pecho.

Mientras esperaba nuevamente en aquella sala fría, se preguntaba si esto era parte de una broma cruel. No podía entenderlo. Se sentía confundida, emocionalmente exhausta, con una mezcla de enfado y agonía. "¿Por qué otra vez? ¿Por qué a mí? ¿Acaso no crees que ya tengo suficiente?", preguntaba en silencio, mientras el cansancio y la emoción la desbordaban. Debido a la exactitud del lugar y el momento, Alejandra tuvo la certeza de que esa pequeña era la hermanita de Nashu, el angelito que recién había partido.

Igual le dieron medicinas. Alejandra la cobijó, la besó y le habló con ternura, dándole esperanzas. Pero la historia parecía repetirse. La pequeña presentaba un cuadro muy parecido al de Nashu: desnutrición severa, parasitosis avanzada, infección respiratoria y, además, un episodio de hipoglucemia felina, común en gatitos con defensas tan bajas que su cuerpecito ya no puede sostener el ritmo de la vida. Alejandra pasaba las noches pendiente del gotero, frotando suavemente sus patitas para mantener la circulación, rogando en silencio que esta vez el final fuera distinto.

Sin embargo, al cabo de unos días, aunque parecía que estaba mejorando, la lucecita de Nahil —como la había nombrado— se apagó mientras Alejandra la sostenía en su pecho. Cayó de rodillas, sumida en un dolor profundo. Golpeó las almohadas, sintió que el pecho se le desgarraba y juró que nunca más, jamás, volvería a ablandar su corazón. Haber perdido tres corazoncitos en menos de un mes, para ella, era devastador. Todos sus angelitos peludos la acompañaron; a ellos también les dolía verla así. Pero, como buenos maestros, sabían que debían darle tiempo al tiempo.

Agobiada y triste, se fue a ese rincón en el bosque donde Romita se despidió del árbol sagrado. Era un lugar reservado a donde van las penas y el adiós. Se sentó y empezó a platicar con Dios. El viento comenzó a sacudir de pronto las hojas, como si alguien respondiera con voz de bosque, y ella, entre lágrimas, volvió a pronunciar su juramento. Al levantarse, una presencia camuflada entre blanco y gris la miraba desde la distancia. Era una gatita que jamás había visto; tenía la mirada penetrante, como recién venida de un recuerdo. Alejandra sonrió con incredulidad.

—¿Romita, eres tú? —susurró, entre lágrimas y con temblor en la voz.

La razón dijo que no, pero el alma dijo que sí. Por un instante, el tiempo se detuvo. La pequeña no se movió, solo la miró con una calma imposible, y Alejandra sintió un nudo en la garganta. Creyó que se estaba volviendo un poquito loca, así que regresó a su casa. Pero al día siguiente, algo en su corazón le dijo que volviera. Lo hizo y dejó comida, por si acaso aquella pequeña volvía.

Y volvió. La vio aparecer entre los arbustos, más confiada esta vez, caminando despacio hacia la ofrenda. Alejandra la observó en silencio, sintiendo que su alma se apaciguaba poco a poco. Decidió llamarla Blanquita, porque su pelaje blanco parecía tejido con pedacitos de nubes. Desde entonces, Blanquita empezó a visitarla cada día al atardecer. No importaba en qué habitación de la casa se encontrara Alejandra, ella, a través de las paredes, podía sentir su presencia. Había una conexión muy fuerte en ambas.

Una mañana, al ir por café, Alejandra encontró a toda la manada frente a la puerta de cristal. El silencio era tan solemne que sonrió y les preguntó si acaso interrumpía su "michi reunión". Tenían los ojos fijos en el jardín. Aquello despertó la curiosidad de Alejandra, quien salió a buscar qué les había captado la atención. Pensó que quizá eran venados, pero no: al otro lado se encontraba una diminuta figura. No huyó, no levantó las orejas, ni siquiera reaccionó. Cuando Alejandra se acercó, se dio cuenta de que aquella pequeña bolita de pelos era una bebé sorda, además de delgada y, por los silbidos bronquiales, supo que estaba enfermita.

A pesar de su fragilidad, era ágil y astuta. Se veía débil, pero todavía tenía fuerzas suficientes para escapar. Papá Pilo tuvo que usar todo su ingenio para poder atraparla sin asustarla; no querían causarle un trauma. Fueron pacientes, pero sabían que el tiempo apremiaba y, después de varios intentos, por fin lo logró. El veterinario lo confirmó: infección respiratoria, bajo peso y un silencio absoluto en los oídos.

Island Teleso la presentó al reino; Noche se acostó en la entrada como guardia fiel; Israella se acercó y apoyó la frente con la delicadeza de quien sabe sanar. Los demás guardaron silencio, permanecieron inmóviles y vigilantes, permitiendo que la pequeña llegara sin sobresaltos para instalarse en su nuevo hogar. Una vez más, mostraban una empatía genuina que estremecía el alma de Alejandra. Era como si todos supieran que aquella frágil criatura no había llegado por casualidad. Fue una bienvenida amorosa y muy especial.

Alejandra llamó a la pequeña gatita Luma. No entendía por qué eligió ese nombre; simplemente había llegado a ella en sueños, como un mensaje celestial. Se sentía avergonzada por haber jurado cerrar su corazón, por dejar que su dolor fuera más fuerte que ella; pero, al ver las necesidades de Luma, no pudo negarse ni dejar a ese angelito a su suerte, especialmente por ser no auditiva.

Había algo profundamente luminoso en esa criatura silenciosa, algo que hablaba sin voz y pedía sin gestos. Le sorprendía pensar cómo una gatita tan frágil había logrado sobrevivir a la intemperie y a los depredadores. En esos días, los osos rondaban el vecindario, los coyotes aullaban en las noches de luna llena y el viento traía consigo el eco de la montaña. Era un milagro que Luma estuviera viva.

Sin necesidad de palabras, todos en la familia comprendieron que Luma era una niña con necesidades especiales. Island Teleso se convirtió en su protector personal; Noche caminaba junto a ella, y hasta el mismísimo Capitán le ofrecía aquel peluche azul que tanto apreciaba, queriendo mostrarle así la ternura que ella le despertaba. Lumita lo miraba y lo invitaba a jugar. Grecia le hacía guardia por las madrugadas, e Israellita le transmitía su energía amorosa y sanadora.

Una vez más, al observar tanto amor en ellos, Alejandra pensó que quizá el mundo sería un mejor lugar si los humanos pudieran ser más como aquellos a quienes llamaban, equivocadamente, animales o inconscientes.

Los ojitos de Lumita, aunque brillaban con ternura, guardaban una tristeza que ninguna caricia lograba borrar. Mientras tanto Alejandra notaba que Blanquita, aquella gatita blanca y gris, cada día se acercaba más. Al principio pensó que era simple coincidencia, pero una tarde, mientras la observaba desde la ventana al atardecer, Alejandra respiró hondo y, con el alma apretada, comprendió de pronto algo. Salió a su encuentro y se acercó despacio.

—Blanquita —le dijo—, ahora entiendo... estás buscando a tu bebé.

La gatita levantó la cabeza y la miró fijamente, con esos ojos que parecían contener todo el silencio del mundo. En ese instante, Alejandra entendió que la conexión que siempre había sentido con ella no era casualidad. Sonrió con dulzura y continuó:

—¿Te gustaría estar con Lumita, verdad? Hagamos un trato: esta tarde dejaré la puerta abierta. Si decides entrar, entenderé que sí; si no, respetaré tu decisión.

Pasaron las horas y el aire frío comenzó a colarse por la puerta entreabierta. Luma dormía acurrucada en su camita, ajena a la escena que se desarrollaba a unos metros. Alejandra estaba a punto de rendirse, pero de pronto, una patita tan suave como un copo de nieve cruzó el marco con determinación. Alejandra sonrió con los ojos llenos de lágrimas y miró hacia el cielo. Blanquita había aceptado.

Alejandra lloraba conmovida y, por alguna razón, en su mente se repetían las palabras que alguna vez pronunció; pero ahora desde otro plano, sin dudas y con una sonrisa que transpiraba paz: *Hágase Su Voluntad*.

Desde ese día, madre e hija duermen juntas, sanas y salvas. Ambas se integraron de inmediato a la banda. Ya no tenían que pasar frío ni vivir con miedo. Las huidas por el bosque quedaron atrás. Ahora podían descansar tranquilas, en ese lugar cálido al que los González llamaban hogar.

La pequeña Luma trajo consigo una lección que muchas veces decidimos no mirar: los verdaderos límites son aquellos que elegimos creer como verdades absolutas. Mientras los humanos solemos detenernos ante la idea de la carencia, Luma —sin oír el mundo— vive en armonía con él. Juega, corre, trepa y se comunica con el alma. Su aparente silencio se volvió un lenguaje nuevo para todos, recordándoles que la verdadera discapacidad nace en la mente, no en el corazón.

Island Teleso y su ejército michiperriniano saben que los humanos —esa especie de karendianos despistados, pero de alma noble— son los verdaderos estudiantes de la vida, y ellos, los maestros. Hasta la misma Alejandra lo sospecha; por eso, cada vez que aprende una nueva lección de *Ellos, Los Grandes Maestro*, se repite a sí misma:

“Quiero ser más animal... para poder ser más humano.”

En medio del dolor nace el miedo, y es del miedo de donde brota el verdadero valor.
Vuela libre, alma mía.

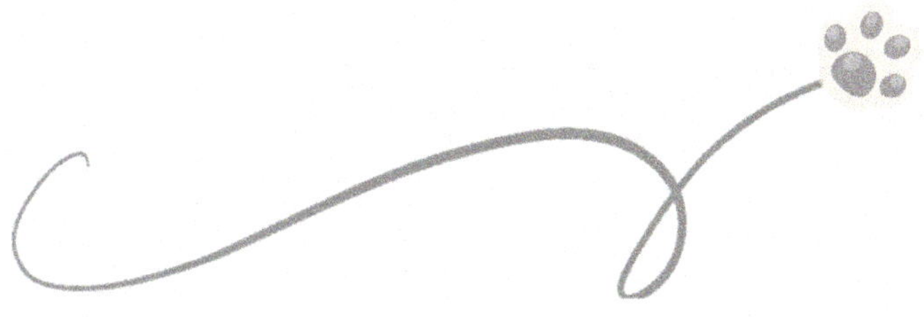

Todas las historias que acabas de leer, además de conmovedoras, son reales. Se mantuvo con total fidelidad cada uno de los hechos, sin alterar los nombres ni los personajes. Cada alma que ha llegado a este hogar ha traído una enseñanza que no cabría en palabras. No llegaron para llenar un espacio, sino para despertar algo dormido. Cada rescate fue, en el fondo, un rescate del alma. Cada encuentro trajo una transformación: una semilla invisible que germinó en medio del caos y floreció en amor. Porque en este pequeño reino, cada vida tocada se convirtió en un recordatorio de que los milagros existen... solo que, a veces, llegan en cuatro patitas y cubiertos de pelitos.

Nos enseñaron que el amor no siempre llega en envoltorios perfectos; que a veces viene asustado, roto, enfermo... pero, aun así, su valor es el mismo. Que la empatía no se predica: se practica en silencio, con paciencia y con ternura. Que el duelo no se supera, se habita; y que en ese habitar se transforma. Que la resiliencia no se impone: florece despacio, entre manos que no sueltan.

También aprendimos que la compasión es una forma de sabiduría; que la fragilidad no es debilidad; y que perdonar —como lo hacen ellos— es el acto más valiente del alma. Que el miedo puede temblar junto al amor y, aun así, avanzar. Que las diferencias no nos separan: nos completan. Que incluso el silencio puede ser un idioma sagrado cuando se elige amar, aunque el corazón todavía esté hecho pedazos. Y que el amor verdadero puede sanar y restablecer el alma herida.

Island Teleso, con su habitual sabiduría y aire de estratega, observa su reino desde el sofá, convencido de su gran triunfo. Ha logrado formar una banda leal de michinianos y perrinianos que siguen sus planes sin dudar, aunque —según él— el ejército aún no está completo.

En las noches, mientras todos duermen, continúa tramando sus conquistas, reclutando nuevos corazones para su causa secreta: demostrarle al mundo que el amor, cuando se comparte, puede conquistar cualquier territorio. Sabe que su gran misión aún no debe comenzar... no hasta que el último recluta haya llegado.

Así como la familia crece, el ejército también lo hace. No descansarán hasta poder construir, juntos —garritas y lomitos—, una ciudad refugio para aquellos que aún no tienen un hogar. Porque todos los peluditos del mundo merecen vivir cuidados por una familia que los ame, los consientan y les mantenga la panza llenita.

Y aunque este capítulo parezca llegar a su fin, el reino sigue latiendo. En algún rincón de la casa, una nueva alma, con bigotitos pintados y mirada pícara, se prepara para su entrada triunfal. La banda ya lo ha nombrado Chaplin. Island Teleso, autodeclarado el *abogato* más espectacular del mundo mundial, ya tiene entre las garritas un plan magistral para su próximo recluta y representado.

Pero esa... esa es otra historia que está por comenzar.

Todo comenzó con Paloma y Cachorro, aquellos dos angelitos peludos que, sin proponérselo, abrieron la puerta de la compasión en el corazón de una niña y un niño. Kikis y Pilo, sus pequeñas almas, crecieron con ellos. Aprendieron el valor de la compañía y de la amistad, la alegría del encuentro y la dulzura amarga del adiós. Con ellos vivieron su primer amor, el mismo que les rompería el corazón.

De esos juegos inocentes nacieron los cimientos de lo que hoy son: dos almas adultas que, sin perder su esencia, descubrieron que la verdadera madurez no está en endurecerse, sino en mantener viva la ternura. En cada rescate siguieron sanando al niño que alguna vez fueron, y al hacerlo comprendieron que amar es como volver a casa. Pero lo más importante: también entendieron que ellos no eran los que rescataban... ellos eran los rescatados.

Por eso, no le tengas miedo al amor. Ábrele la puerta, aunque duela, aunque tiemble el alma. Deja que aquel niño herido que aún vive en ti sane junto a estos angelitos peludos, porque en su presencia todo se vuelve sencillo, todo se vuelve verdad, y en la verdad vive la gloria y la paz.

Ellos, quienes llegan a nuestras vidas en el momento preciso —cuando más los necesitamos—, aunque no siempre seamos conscientes... o lo suficientemente humildes para reconocerlo, vienen a enseñarnos. Si los dejas entrar, ellos —como los grandes maestros que son— te entregarán la lección más valiosa de todas: AMAR es vivir y PERDONAR es renacer.

Gracias por acompañarnos
en este viaje llamado vida.
Les mandamos
garritas de amor,
lomitos de dulzura
y millones de besitos
perrimichinianos.

¡Uh, uh!

Nota de la autora

Yo no sé mucho de libros, mucho menos de cómo estructurarlos. Por eso les pido una disculpa de antemano por los errores que pudiera haber cometido en la realización del mismo. Solo sé que cuando se habla desde el alma, la verdad se cuenta sola.

Ellos, los Grandes Maestros nació hace tiempo, pero lo materialicé el 23 de octubre de 2025. Lo escribí en menos de diez días, en medio del mayor proceso de transformación de mi vida. Fue un tiempo de cambio profundo, donde el dolor se convirtió en guía y las palabras brotaban una tras otra, como si alguien más las dictara. Sentí una urgencia por contar cada una de estas historias, con el único propósito de llegar a los corazones, como ellos llegaron al mío.

Este libro nació para despertar conciencia. Para que aprendamos a ser más animales y, así, ser más humanos. Para que entendamos que Ellos, los Grandes Maestros son eso: maestros disfrazados en cuerpecitos de cuatro patas. Las enseñanzas que nos regalan no se viven... se encarnan. Y solo aquellos que están dispuestos a atravesar el umbral del dolor y el desapego podrán aprenderlas.

Con la llegada y la partida de cada uno de ellos fui tejiendo mi propia reconciliación. Me reencontré conmigo misma, con esas partes rotas que había negado por tanto tiempo. Junto a Papá Pilo, aquel hombre que un día también estuvo enojado con la vida, abrazamos a los niños que aún viven en nosotros: Kiiks y Pilo. En ese abrazo sagrado entendimos que no estábamos solos, que nunca lo habíamos estado, y que nunca lo estaremos. Hoy sé que, desde el michicielo, Paloma y Cachorro nos miran sonrientes y complacidos.

Si este libro ha tocado tu corazón, aunque sea un poquito, ha cumplido su propósito. Porque, aunque lo parezca, no es un libro sobre rescate animal, sino un libro para rescatarnos a nosotros mismos a través de sus enseñanzas.

Con amor,
Alejandra González.

Cada historia deja huellas... escribe aquí las
que este libro ha dejado en tu corazón.

Este libro no lo escribí sola; fui guiada por Ellos, los Grandes Maestros. Yo solo soy el puente para entregarles sus mensajes a ustedes.

Hágase Su Voluntad.